전직 국회 입법조사관이 말하는 '다수를 위한 선택'

평범한 규칙

전직 국회 입법조사관이 말하는 '다수를 위한 선택'

평범한 규칙

정도영 지음

"정치란 국민의 문제를 해결하는 과정이다.

우리에게는 이미 시스템이 있다."

우물이 있는 집

프롤로그

나는 입법조사관이었다. 2010년부터 10년 동안 국회로 출근했다. 국회 입법조사처에서 재정, 경제 분야의 법률안이나 예산안을 검토해서 보고서를 작성하는 것이 나의 일이었다. 국회에서 일한다고 하면 사람들의 반응은 크게 두 가지였다. 어떤 사람들은 근거 없이 부러워했고, 어떤 사람들은 힘들겠다며 위로를 건넸다. 부러워한 사람들은 대한민국에서 가장 힘 있는 기관 중한 곳에서 일한다는 이유였고, 측은한 듯 이상야릇하고 떨떠름한 표정으로 포장된 위로의 말을 들은 이유는 특정 직업인들 때문이었다. 피겨스케이팅이란 말을 들으면 김연아, 축구라는 말을 들으면 손흥민을 떠오르듯, 국회라는 말을 들으면 '국회의원'이 떠오른다. 대한민국 국회는 곧 국회의원이고, 평범한 사람들이 생각하는 국회의원이라는 직업을 대표하는 키워드는 존경, 호감보다는 짜증, 혐오에 가깝다.

평범한 다수 국민이 썩 좋지 않은 시선으로 바라보는 직업인인 국회의원들을 돕는 것이 나의 일이었다. 정확히 말하면 국회의원을 돕는 것이 아니라, 국회의원의 일을 돕는 것이었다. 국회의원의 일은 입법, 즉 법을 제정하는 것이다. 법은 나라를 운영하는 규칙이다. 민주주의 국가는 한 사람의 뜻대로 돌아가지 않는다. 그건 독재다. 대통령이 세상을 바꿀 수 있다고 믿는 건 조선 왕조 시대의 사고다. 조선 시대에도 왕이 할 수 있는 일은 그리 많지 않았다. 근대 법치주의 국가처럼 유교 국가에서의 정치도 수많은 당위와 원칙의 넝쿨이 얽히고설킨 깜깜한 정글 속 같았을 것이다. 이미 유교국가를 벗어나 민주주의 국가의 기반을 마련한 우리 사회를 만드는 것은 대통령도 아니고, 정치인도 아니고 법과 제도이다. 법과 제도는 사회를 약육강식의 정글로 만들기도 하고, 자부심 넘치는 일상이 이루어지는 햇살 비치는 아름다운 정원으로 만들기도 한다. 21세기 대한민국은 사회적 규칙인 법을 만드는 국회의원의 일을 수행할 수 있도록 인적, 물적, 제도적 시스템이 잘 갖춰져 있다. 그럼에도 변화가 더디거나 역행하는 이유는 무엇일까? 대통령이 바뀔 때마다 널뛰는 사회는 후진적이다. 이제는 사람이 없어도 제대로 돌아가는 굳건한 사회시스템을 구축해야 한다. 다수 대중의 행복이라는 법의 정신을 계승하는 사회적 규칙으로.

피부색이나 성별 등을 이유로 배제의 규칙이 지배하는 국가는 아무리 눈부신 경제성장을 해도 선진국이 될 수 없다. 마찬가지로 특정인 혹은 특정 집단의 이익만을 위하거나, 노골적으로 배제하는 방식으로는 지속적 성장을 할 수 없다. 입법조사처에서 10년 일하는 동안 수없이 검토하고 의견을 내었던 재정, 경제 영역의 법들이 현실에서 얼마나 제구실을 하고 있는지 궁금했다. 현실을 바탕으로 만들어진 이론이 다시 현실에서 적용되는 생생한 현장을 보고 싶었다. 뜻을 이뤄 부산시와 경기도에서 예산기획과 경제정책 기획 일을 할 수 있었다. 경제학을 전공하고, 재정, 경제 분야 입법조사를 하고, 그렇게 만들어진 규칙인 법이 현실에서 얼마나 잘 작동하는지 살펴보며 고민하다 보니 지천명의 나이가 지났다. 책을 통해 지난 경험과 고민을 돌아보고 싶었다. 무엇보다 나 자신을 위해 복잡한 생각을 간명하게 정리하고 싶었다. 목표를 이루지 못해 부끄러운 책이지만, 용기를 내어 세상에 내놓기로 했다. 무엇보다 여러 기관에서 잠시 혹은 오래 함께 일했던 사람들에게 가 닿았으면 좋겠다. 나의 삶, 내 생각에 대해 말하는 것이 익숙하지 않아 깊은 이야기를 별로 나누지 않았는데, 이런 생각으로 일했다는 걸 뒤늦게 고백한다. 책에도 역시 내 삶의 이야기는 없고, 세상에 대한 생각만 조금 담았다. '더 많은 사람이 더 나은 삶을 살아가는 사회를 위해서 어

떻게 해야 하는가?'에 대한 초라한 대답들이다. 게임이나 스포
츠에만 규칙이 필요한 것은 아니다. 인생에 필요한 것은 좋은 규
칙이다. 나만의 규칙과 나를 지배하는 사회적 규칙이 서로 얼마
나 잘 상호작용하는가가 좋은 삶을 결정짓는다. 살아 있는 것들
은 모두 최선을 다한다. 각자의 자리에서 최선을 다하고 있을 사
람들의 삶에 의미 있게 다가갈 문장이 하나라도 있으면 좋겠다.

2023. 9
태어나고 자란 부산에서

차례

01

늑대와 인간, 그리고 규칙

1894년 1월 31일, 한 늑대의 최후

　이리는 개와 비슷하다. 개보다 머리가 가늘고 길며 앞다리가 짧고 뒷다리가 길다. 귀는 짧고 쫑긋하며 가슴이 좁다. 육식성으로 10여 마리가 떼 지어 생활한다. 이리는 늑대의 다른 말이다. 옛날에는 이리, 말승냥이라 불렀지만, 지금은 늑대라고 부른다. 한국 늑대는 일제 강점기 때 무분별한 포획으로 멸종했다. 한국 뿐 아니다. 미국의 늑대도 멸종할 뻔했다. 한때 미국에는 늑대가 50만 마리쯤 살았다 전해진다.

　1860년부터 30년 동안 미국의 카우보이들은 서부를 개척했다. 서부 개척의 역사는 미국인에게는 자랑스러운 역사일지 모르겠지만, 오랜 세월 삶의 터전에서 살던 아메리카 원주민과 야생동물에게는 아픈 역사다. 새로운 땅에 정착한 백인들은 농사를 짓고, 가축들을 키웠다. 정착민들에게 야생동물은 성가신 존재였다. 특히 육식성 동물인 늑대는 가축을 해치는 주범이었다. 백인들은 눈에 띄기만 하면 늑대를 죽이기 시작했다. 총과 덫,

독약에 늑대들은 추풍낙엽처럼 죽어갔다. 전문 늑대 사냥꾼들이 등장해 조직적으로 죽였다. 늑대는 버팔로와 같은 다른 야생동물들처럼 곧 멸종될 운명이었다.

자신에게 조금이라도 피해가 되면 총부터 잡았던 서부시대 막바지에 신출귀몰한 회색 늑대 한 마리가 나타났다. 그 늑대는 곧 유명해졌다. 어찌나 유명한지 이름까지 지어주었다. 늑대의 이름은 '로보(Lobo)'였다. 로보는 1889년 미국 서부지역 뉴멕시코 커럼포(Currumpaw) 지역에서 살았다. 로보는 백인 정착민들이 키우는 송아지, 양, 염소와 같은 동물을 죽였다. 먹기 위해서 죽이기도 하고, 침입자에게 경고라도 주려는 듯 죽이기만 하기도 했다. 5년 동안 2천 마리 넘는 가축이 피해를 보았다고 한다.

로보가 유명해진 것은 많은 가축을 죽였기 때문이 아니라, 사람들에게 잡히지 않았기 때문이었다. 총, 덫, 독약, 사냥개 등 할 수 있는 모든 방법을 동원해도 로보를 잡거나 죽일 수 없었다. 로보는 5마리의 다른 늑대와 무리를 지어 다니며 사람을 귀신같이 피하면서 가축을 죽였다. 마을 사람은 총을 들고 잠복해 숨기도 하고, 덫을 놓아도 보고, 고기에 독약을 발라 유인하고, 떼를 지어 사냥을 해보았지만 모두 실패했다. 급기야 로보에게 1,000달러라는 엄청난 현상금까지 붙었다. 1890년대 미국 저임금 노동자 하루 일당이 1달러였다는 사실에 비추어보면 엄청난 금액의 현상금이었지만, 역시 소용없었다. 미국 전역에서 난 다긴다하는 사냥꾼이 현상금이 붙은 로보를 잡기 위해 도전했지만 번번이 실패했다.

어떤 사냥꾼은 20마리의 개를 풀어서 필사적으로 뒤쫓았지만, 로보는 사냥개들을 산악지역으로 유인해 흩어지게 한 뒤 한 마리씩 공격해서 모두 죽여버리기도 했다. 수많은 사냥꾼이 소문을 듣고 로보를 죽이기 위해서 커럼포를 찾아왔지만, 사람들의 예상을 몇 발짝씩 앞서 간 전설적 늑대의 상대가 되지 못했다. 로보는 직접 사냥한 동물이 아니면 먹지도 않았고, 사냥해 숨겨 놓은 가축에 독을 발라 놓아도 독이 없는 부분만 골라 먹었다. 도저히 방법이 없어 저주 같은 주술을 쓰기도 했지만 모두 소용없었다.

그때쯤 한 유명한 늑대 사냥꾼이 뉴욕에서 커럼포로 찾아온다. 커럼포의 목장주 피츠랜돌프의 부탁을 받고 로보를 잡기 위해서였다. 그 사냥꾼의 이름은 어니스트 시튼(Ernest Seton)이었다.

《커럼포의 왕 로보, 세상을 바꾼 한 마리 늑대 이야기》와 《시튼 동물기》라는 책에는 로보를 잡기 위해 시튼이 시도했던 방법들이 자세하게 나와 있다. "예를 들면, 치즈를 암소의 콩팥 기름과 함께 녹여서 고기에 쇠 냄새가 나지 않게 도자기 그릇에서 끓인 뒤, 역시 쇠 냄새가 나지 않게 뼈칼을 이용해 잘라서 식힌 후,

덩어리 한쪽에 구멍을 뚫어 냄새가 새지 않도록 캡슐에 청산가리를 넣고 치즈로 구멍을 막았다. 작업 내내 암소의 따뜻한 피에 적신 장갑을 꼈고, 미끼에 입김이 닿지 않게 주의했다. 그런 고기를 여러 개 만들어 여기저기 두었다. 로보는 독이 묻은 그 고기를 따로 모아 조롱하듯 그 위에 똥을 누고 사라졌다." 시튼의 노력 역시 모조리 실패했다. 로보는 자연사한 가축이나 목동에 의해 도살된 가축은 거들떠보지 않았다. 무엇이든 사람의 손길이 닿은 것은 한번은 의심해봐야 한다는 사실을 경험을 통해 배운 것이다.

여러 번의 실패에도 시튼은 포기하지 않았다. 그는 최고의 늑대 사냥꾼이라는 명예를 걸고 그동안 갈고 닦은 온갖 기술을 동원해 독약을 만들고 덫을 설치했다. 하지만 로보는 번번이 미끼에 똥오줌을 갈기고 유유히 사라졌다. 로보의 발자국을 살피던 어느 날, 시튼은 이상한 것을 발견했다. 이해할 수 없는 낯선 발자국이었다. 로보의 발자국 앞에 다른 늑대의 발자국이 먼저 찍혀 있다는 걸 알아차렸다. 늑대의 무리는 철저한 위계질서로 움직이는데 우두머리인 로보의 앞에서 알짱거리거나 먼저 달리는 늑대가 있다는 것은 있을 수 없는 일이었다. 그건 '반역'의 행위다. 서열이 중요한 늑대 사회의 우두머리는 이런 건방진 행동을 용인하지 않는다. 한 가지 예외는 있을 수 있다. 우두머리의 연인인 경우다. 그 늑대는 암컷이며 로보의 짝이라는 것을 알게 된 시튼은 "비열한 방법"을 쓰기로 했다. 로보가 사랑하는 암컷 늑대를 먼저 잡고 그걸 미끼로 로보를 잡으려는 계획이었다. 그는 암컷 늑대에게 '블랑카'라는 이름을 붙였다. 시튼은 소를 죽여 미끼로 놓고 주변에 이중으로 덫을 놓았는데 하나는 페이크고 하나는 진짜였다. 이중 덫으로 로보의 치명적 약점인 사랑하는 암컷 블랑카를 노렸다. 늑대들이 알아차릴 수 있는 덫을 미끼로 삼아 생각지도 못할 덫을 놓는 아이디어였다. 먼저 일부러 잘 보이는 곳에 허술하게 놓은 페이크 덫 주변에 블랑카를 잡을 6개의 강철 덫을 보이지 않게 감쪽같이 설치했다. 늑대 무리는 엄격한 서열 사회이지만, 연인에게 큰 아량을 보였는데 시튼이 미끼로 이용했던 것은 바로 이러한 늑대의 특성이었다.

시튼의 예상대로 로보의 앞에서 달려가던 블랑카는 미끼를 발견했고, 함부로 움직이지 말라는 로보의 신호를 무시한 블랑카는 감쪽같이 숨겨 놓은 6개의 진짜 덫 중 하나를 밟고 말았다. 뼈를 후벼 파는 강철 덫에 뒷다리를 물린 블랑카를 발견한 시튼은 이리왕 로보를 잡기 위한 마지막 사냥을 시작했다.

자신의 짝을 잃은 늑대 무리의 우두머리 로보는 예상대로 이성을 잃었다. 사랑하는 연인을 잃은 분노와 절망으로 백인 마을 주변을 떠나지 않았다. 마을 깊숙이 내려와 경비견을 죽이기도 했다. 끝없이 울려 퍼지는 로보의 구슬픈 울음소리에 마을 사람들마저 마음이 슬퍼질 정도였다고 한다. 시튼은 동아줄로 블랑카를 목졸라 죽인 후 이곳저곳으로 질질 끌고 다니며 여기저기에 블랑카의 냄새를 묻혔다. 또한 블랑카의 다리를 잘라 도장처럼 꾹꾹 발자국을 찍고는 마지막 승부를 준비하듯 치밀하게 덫을 놓았다. 평소의 로보라면 어림도 없는 함정이었지만, 이미 반쯤 정신을 놓아버린 로보는 연인 블랑카의 냄새에 끌려 이리저리 휘젓고 다니다가 결국 덫에 걸린다. 로보는 어떠한 저항도 하지 않았다. 시튼은 로보에게 물과 먹이를 주었지만 모두 거부했다. 로보는 블랑카가 갔던 길을 따라가려 작정한 듯했다.

다음 날 새벽 여명이 깃들 무렵, 시튼은 꼼짝 않고 고요히 있는 로보를 발견했다. 스스로 세상을 떠난 것이었다. 시튼은 그 장면을 이렇게 회상했다. '힘을 잃은 사자, 자유를 빼앗긴 독수리, 짝을 잃은 비둘기는 그 한을 견디지 못해 모두 죽는다고 한다. 이 세 가지 아픔을 한꺼번에 겪은 가슴 찢기는 고통을 그가 견뎌낼 수 있으리라 누가 장담할 수 있을까? 아침이 찾아왔을 때, 그는 평온한 안식의 자리에 누워있었지만, 그의 영혼은 사라졌다. 늙은 이리왕은 죽었다.' 그날은 1894년 1월 31일이었다.

시튼은 자존심을 지켰다. 아무도 잡지 못했던 늑대왕 로보를 드디어 잡았기 때문이었다. 애초의 목적을 달성하는 데 성공했지만, 로보를 통해 늑대의 본성을 이해하게 된 시튼은 도리어 부끄러움을 느꼈다. 로보가 죽은 그날 이후 시튼의 삶은 바뀌었다. 시튼은 로보의 죽음 이후 두 번 다시 늑대를 죽이지 않았다. 큰 깨달음을 얻은 것이다. 시튼은 로보와의 쫓고 쫓기는 싸움의 경험이 담긴 〈커럼포의 왕, 로보(Lobo the King of Currumpaw)〉라는 단편 소설을 썼다. 책에서 자신을 악당으로, 로보는 영웅으로 그렸다. 이 소설을 시작으로 시튼은 계속해서 동물이 주인공으로 나오는 동물 이야기를 써 나갔다. 시튼은 미국의 자연과 야생동물을 보호하는 데 남은 인생을 바쳤다.

그는 아메리카 원주민처럼 자신의 이름을 검은 늑대(Black Wolf)라고 지었고, 서명할 때는 늑대 발자국 모양의 그림을 그려 넣었다. 시튼의 발자국 서명에는 두 마리 늑대의 영혼이 담겼을 것 같다. 앞서간 블랑카의 발자국을 그대로 밟은 로보의 발자국, 두 늑대의 겹친 발자국 속에서 시튼 자신의 삶의 발자국을 찾으려 했는지 모르겠다. 분명한 것은 '로보'라는 늑대가 '시튼'이라는 인간의 삶을 바꾸었다는 사실이다. 어떻게 그 일이 가능했을까?

늑대로부터 배우는 리더십

개과 동물의 원조라 할 수 있는 늑대는 아메리카 대륙과 유라시아 등지에 두루 자생하고 있다. 늑대는 단지 '본능'이라고 하기엔 너무나 인간적인 습성을 가지고 있다. 스웨덴 출신의 동물학자로 '늑대 연구가'로 알려진 에릭 지멘(Erik Zimen) 박사는 《늑대-행동, 생태, 그리고 신화(Der Wolf: Verhalten, Ökologie und Mythos)》(2003)라는 저술을 남겼다. 에릭 지멘 박사는 주로 독일에서 활동했는데, 독일 언론에서는 '챔팬지의 어머니' 제인 구달(Jane Goodal), '거위의 아버지' 콘래드 로렌츠(Konrad Lorenz)처럼 에릭 지멘을 '늑대의 아버지'라고 불렀다.

경성대학교 환경학과의 김해창 교수가 에릭 지멘 박사의 연구를 정리한 내용을 살펴보면, 무리생활을 하는 늑대는 위계질서가 분명하고 이를 바탕으로 무리 전체의 조직적인 협력을 이루어내며 부부애가 아주 좋은 동물이라는 것을 알 수 있다.

먼저, 늑대는 한번 암수가 짝을 지으면 평생 동안 정절을 지키며 함께 하는 것으로 알려져 있다. 무리생활은 우두머리 커플을 중심으로 이루어지는데 새끼를 포함 대략 10마리 내외가 하나의 무리, 즉 '가족'을 이룬다. 암컷은 약 2개월의 임신기간을 거쳐, 한번에 5~10 마리의 새끼를 낳는데 보통 새끼를 낳는 것은 우두머리 암컷이다. 우두머리 암컷을 제외한 다른 암컷이 새끼를 낳는 것은 아주 드문 예외적인 경우라고 한다. 새끼들이 태어나면 무리의 모든 늑대들이 공동으로 키운다. 새로 태어난 새끼들이 성장하게 되면 다시 서열을 정하고 나이 든 늑대를 대신하여 그 무리를 이끌게 된다. 그 과정에서 무리의 개체 수가 증가하지 않도록 새끼들 일부는 부모의 곁을 떠나 분화하게 된다. 늑대들이 너무 많아서 무리가 커지면 잘 이끌어가기가 힘들고, 또 너무 적으면 다른 동물이나 무리들에게 공격을 당할 수 있기 때문에 항상 적당한 규모의 무리를 이루어 생활하는 것이다.

늑대는 무리 안에서 서열을 정하기 위해 치열한 서열 싸움을 벌인다. 싸움은 자신의 능력을 보여주는 것을 목적으로 하기 때문에 싸움에서 질 것 같은 늑대는 자신이 약함을 인정하고 드러누워 목덜미와 배를 드러내 보인다. 승자가 꼬리를 바짝 세우고 자신만만한 눈빛으로 약자를 쏘아보면, 약자는 바짝 긴장해서 꼬리를 내리고 몸을 움츠린다. 상대의 승리를 인정하는 것이다.

이렇게 서열이 결정된 다음에는 무리의 우두머리 늑대는 자신의 무리를 보살피면서 무리의 모든 것을 책임진다. 늑대는 포식자이다. 우두머리 늑대는 무리 전체를 먹여 살려야 하기 때문에 사냥을 할 때에도 전체적인 전략을 지휘한다. 서로 간의 의사소통을 바탕으로 계획을 짜고 역할을 분담해서 사냥감을 포획하는데 모든 늑대는 우두머리의 지휘 하에 움직인다. 이때 서열이 낮은 늑대가 사냥감의 몰이에 나서고, 우두머리 늑대는 이 모든 상황을 관망하며 사냥감을 몰아오는 길목에서 기다리고 있다가 단번에 사냥감에게 다가가 일격을 가해 치명상을 입혀 쓰러뜨린다. 결정적일 때 리더의 카리스마를 보여주는 것이다. 사냥감은 여러 늑대들의 몰이에 쫓겨 다니다 힘에 지쳐 커다란 저항도 하지 못한 채 우두머리 늑대에게 죽임을 당하게 된다.

또한 우두머리는 무리가 위기에 처했을 때 공격의 최선봉에 서서 무리를 위해 몸을 내던진다. 무리 중에 상처를 입거나, 새끼를 배거나, 나이가 들어 힘이 없어 사냥을 하지 못하는 늑대가 있으며 자신이 사냥을 해서 먹이를 가져다준다. 김해창 교수는 이를 다음과 같이 정리하고 있다. "사냥하기 힘든 겨울철엔 전체 무리가 사냥에 나서지 않는 대신 노련한 대장 늑대가 단독 사냥을 해 전체를 먹여 살리는 경우도 있다. 늑대는 가족 중 하나가 죽으면 애도를 표하는 행위를 하며, 더욱이 늑대 종족은 부모를 갑자기 잃은 다른 늑대 새끼들까지 거두어 키우는 습성을 갖고 있다. ……중략…… 그리고 늑대 사회는 나름 민주적이고 평등한 면이 있는데 야생 늑대는 개별 개체의 의견을 존중하며 일부 무리는 '다수결 원칙'이 적용되는 경우도 있다. 늙은 늑대는 사냥 대신 무리의 새끼를 돌보고, 늑대 무리가 늙은 늑대를 먹여 살리는 등 '늑대공동체'의 노후가 보장된다."

이런 강력한 위계질서에 근거해서 역할을 나누고 역할에 따른 행동을 수행함으로써 협력을 이루어내는 늑대 무리는 자신의 우두머리를 철저히 따르며 무리를 지어 이동할 때에도 우두머리보다 앞장서서 걷지 않고 뒤를 따른다. 늑대 무리에게서 하극상은 거의 찾아보기 힘들다. 그런 의미에서 보면 로보는 '특별한' 늑대가 아니었다. 다른 늑대들의 비슷했지만, 조금 더 영민한 정도 아니었을까? 시튼이 늑대를 사랑하게 된 것도 로보가 너무나 특별한 늑대이기 때문은 아니었다. 로보는 시튼의 생각을 바꿔준 하나의 '창문'이었다. 로보를 통해서 다른 평범한 늑대들에 대한 생각이 바뀐 것이다. 늑대가 어떤 존재인지 비로소 제대로 알게 된 탓이다. 차별의 근거였던 다름을 통해 너와 내가 같다는 사실을 깨달은 것이다. 다름은 사냥의 이유였다. 로보는 다름을 통해 같음에 이를 수 있다는 걸 가르쳐주었다. 시튼은 늑대와 인간이 다르다고 했고, 그 때문에 사냥을 했다. 사냥의 끝은 덫과 독약을 버리는 것이었다. 다름이라는 이유를 통해 동물을 사랑하고 보호해야 하는 이유를 발견한 것이다.

시튼의 이런 발견은 늑대 세계에서는 상식으로 통하는 원칙이었다. 대부분 인간은 스스로 동물보다 우월하다고 믿는다. 《시튼 동물기》가 120년 넘는 세월 동안 많은 사랑을 받고 여전히 새롭게 읽히고 있는 이유는 '발견' 때문일 것이다. 인간이 동물보다 우월하다고 믿는 우리의 생각을 돌아보게 만드는 성찰적 발견 말이다. 인간 사회의 상식과 동물 세계의 상식은 다르지만, 때때로 인간은 동물로부터 깊은 지혜를 배운다. 우두머리 늑대의 존재 이유는 무리를 위해 살아가는 것이다. 만약 무리를 위하지 않고 자신만을 위해 살아가는 늑대가 있다면 우두머리가 될 수 없다. 우두머리가 되기 위한 조건, 우두머리가 해야 할 일은 무리를 편안하고 행복하게 이끄는 일이기 때문이다. 늑대 사회에서 오로지 자신밖에 모르는 이기적인 늑대가 우두머리가 된다는 것은 '뜨거운 아이스 아메리카노'처럼 성립할 수 없는 개념이다.

혐오, 그리고 추락하는 벽돌

2015년 10월 8일 오후 4시경 한 아파트 화단 벤치에서 두 사람이 뭔가를 만들고 있었다. 한 사람은 중년의 여자였고, 한 사람은 20대 남자였다. 두 사람이 만들고 있었던 것은 길고양이 집이었다. 곧 다가올 혹독한 추위를 견딜 수 있는 작고 여린 생명들의 쉼터를 한참 만들고 있었던 그때 날벼락 같은 일이 벌어졌다. 갑자기 하늘에서 뭔가가 퍽하고 떨어졌다. 두 사람은 동시에 쓰러졌다. 잠시 후 쓰러졌던 남자가 정신을 차리고 어찌된 영문인지 살펴보았다. 자신의 머리가 깨어져 피가 나고 있었고, 함께 일하고 있던 여자는 꼼짝도 하지 않았다. 여자는 즉사했다.

도대체 무슨 일이 일어났는지 살아남은 남자는 이해할 수 없었다. 사건 현장으로 달려온 사람과 수사를 하는 경찰들도 도대체 무슨 일인지 알 수 없었다. 현장에는 1.8킬로그램 무게의 회색 시멘트 벽돌이 있었다. 누군가가 아파트 상층부에서 두 사람을 겨냥해 벽돌을 던졌다는 것을 알 수 있었다. 하지만 누가 어떤 이유로 그런 짓을 했는지는 알 수 없었다. 사건은 미궁에 빠졌다. 경찰은 주변 CCTV를 샅샅이 조사했다. 피해자가 길고양이에게 음식과 쉼터를 제공하는 사람들이라는 점이 유일한 단서였다. 길고양이를 보살피는 '캣맘', '캣데디'를 혐오하는 사람이 저지른 혐오 범죄일 수 있다 보고 수사를 진행했다.

결국 범인을 잡았는데 초등학생 3명이었다. 아이들은 횡설수설하며 벽돌을 던지면 어떻게 깨지는지 궁금해서 던졌다는 등의 말을 했다. 아이들의 부모가 평소 캣맘을 혐오했다는 말도 떠돌면서 범죄의 이유는 점점 미궁으로 빠져들었다. 사건은 전국적으로 유명해져 캣맘을 혐오하는 쪽과 두둔하는 쪽으로 편이 갈렸다. 사건이 발생한 지 꽤 오래되었지만, 지금도 캣맘을 조롱하며 공격하는 네티즌은 '벽돌 마렵다' 등의 혐오 표현을 하곤 한다.

'동물을 대하는 태도를 보면 그 나라의 수준을 알 수 있다.'는 마하트마 간디(Mahatma Gandhi)의 유명한 말이 있다. 한 국가의 위대함과 도덕적 발전은 동물을 대하는 태도로 판단할 수 있고, 약하고 힘없는 동물도 보호받을 수 있어야 한다는 뜻이다. 이 말의 진정한 의미는 동물이 아니라 사람을 향한다. 한 사회의 수준을 판단하는 척도는 그 사회에서 힘겹게 살아가는 약자를 대하는 다수 대중의 태도라는 것이다. '캣맘 벽돌 투척' 사건에서 볼 수 있듯, 동물을 대하는 태도는 사람을 대하는 태도로 연결된다.

약하고 불쌍한 존재를 무시하고 혐오하고 공격하는 태도는 길고 양이 같은 동물을 학대하고 죽이는 행동으로 이어지고, 자신과 생각이 다른 사람을 혐오하고 공격하는 태도로 이어진다. '약자' 를 대하는 태도는 사람과 동물을 가리지 않는다. 개와 고양이, 야생동물을 학대하고 죽이던 이는 언젠가 사람을 그렇게 대하기 마련이다. 만만한 대상을 대하는 태도는 변하지 않기 때문이다. 시간이 흐르고 조건이 바뀌면 길고양이를 죽이던 이는 사람을 혐오하고 공격하고 죽일 가능성이 높아진다. 인간의 뇌는 복잡하지만, 작동하는 방식은 놀라울 정도로 단순하다. 약자라서 함부로 대해도 된다는 생각, 약자라는 이유로 함부로 대해서는 안된다는 생각은 언제나 일관된다. 그것을 겉으로 표현하고 행동하는 방식이 복잡할 뿐이다.

로보가 죽었던 1890년의 미국은 기회의 나라이자 차별의 나라였다. 오직 자신의 이익을 위해서나 왜곡된 자존감을 높이기 위해 피부색 등을 이유로 같은 인간을 혐오하고 차별하는 백인의 오만한 태도는 지금까지 미국 사회의 뿌리 깊은 문제로 남아있다. 2차 세계대전 홀로코스트의 시기에 놀랍도록 짧은 시간 동안 유대인 600만 명과 그밖의 500만 명이 조직적으로 살해당했다. 다르다는 이유 때문이었다. 한 가지 이유가 더 있다. 그들의 삶에 문제를 일으키는 사람을 응징할 만큼 충분히 힘이 세지 않았다는 것이 그 이유다. 다른 존재들 중 만만한 것들을 함부로 여겨도 된다는 생각은 인간 사회에서 일어나는 많은 문제의 원인이다. 길고양이를 함부로 대하는 마음, 길고양이를 보살피는 캣맘을 함부로 대해도 된다는 마음과 노예제도, 홀로코스트는 연결된다.

상대적 약자인 동물을 대하는 태도는 한나 아렌트(Hannah Arendt)가 말한 '악의 평범성'을 이루는 핵심 개념이다. 한나 아렌트에 따르면, 나치 독일은 집단 살인의 이론적 토대와 실제 사례를 다른 나라에서 찾고자 했다고 한다. 히틀러 정부는 홀로코스트의 법적 근거가 되는 뉘른베르크법(Nürnberger Gesetze)을 통과시키는 과정에서 북미 원주민을 대량 학살하고 나머지를 보호구역으로 추방한 조치를 높이 평가했다. 이민제한법(Immigration Act of 1924)을 인종정화 프로그램의 모범 사례로 보았다. 나치는 아프리카계 미국인들을 폭력으로 다스리는 미국인들의 과감한 결단력에 감탄하면서, 흑인을 향한 고문 방법과 신체 절단 방법 등을 배웠다.

나치는 미국을 연구하면서 발췌했던 내용 전부를 입법에 적용하지는 않았다. 비공개 회의가 열렸던 당일이나 뉘른베르크 법안의 최종안에서도 그들이 끝내 채택하기 꺼렸던 조항이 있었다. 나치는 인종적 순수성을 법제화하려는 미국의 열의를 높이

평가하면서도, "혈관에 흑인의 피가 한 방울이라도 섞인 미국인의 남녀를 흑인으로 간주하는 가차 없는 엄정함까지는 받아들일 수 없었다."고 했다. 한 방울의 규칙(one-drop rule)은 나치가 보기에도 너무 가혹했기 때문이다.

히틀러는 미국의 사례를 통해 독일인과 유대인의 구분하는 규칙을 어떻게 정할지 고심했다. 나치는 '독일인의 혈통 및 명예를 보호하기 위한 법(Gesetz zum Schutze des deutschen Blutes und der deutschen Ehre)'에서 조부모 중 유대인이 3명인 사람은 유대인으로 간주했다. 또한 조부모 2명이 유대인이며 유대 관습을 따르거나, 유대교 공동체 소속이거나, 유대인과 결혼한 사람은 미국의 관련 조항을 적용하여 유대인으로 간주했다. 이렇게 해서 엄격한 '규칙'의 시행을 알리는 공고가 나붙기 시작했다. 이 법의 발표와 함께 독일은 본격적인 인종차별 국가가 되었다고 역사학자 조지 M. 프레드릭슨(George M. Fredrickson)은 썼다. "미국 법률은 나치의 입법 과정에서 비중 있게 참조한 외국의 선례였다."

같음보다 다름을 더 중요하게 여기는 태도, 다르다는 이유로 차별하고 혐오 배제하는 태도, 나보다 약하기 때문에 상대를 존중하지 않는 태도를 가진 인간은 동물만도 못한 존재다. 늑대와 개의 우두머리는 힘이 세든 약하든 상관없이 자신이 이끄는 모든 구성원을 챙긴다. 상대를 존중하지도 약자를 보호할 생각도 없는 사람이 힘을 가지고 대중 앞에 군림하면 비극의 역사가 펼쳐진다. 매일 살아가는 일상의 현장에 수많은 벽돌이 내 머리 위로 추락하는 사회가 될 것이기 때문이다. 강자라고 안심할 수 없다. 하늘에서 떨어지는 벽돌은 사람을 가리지 않는다. 아파트 옥상에서 추락하는 벽돌 안에는 인간의 뇌도, 인공지능의 알고리즘도 없다. 사람의 손을 떠난 벽돌의 운명은 추락이다. 추락하는 벽돌은 사람을 가리지 않는다. 혐오의 감정과 생각이 깃든 말과 행동이 벽돌이다. 누구든 어느 날 갑자기 벽돌에 맞을 수 있다.

알파의 존재 이유

최근 들어 인터넷, SNS 등에서 자주 쓰이는 알파남, 알파 메일이라는 말이 있다. 멋진 남자, 능력 있는 남자를 뜻한다. 알파남의 원래 뜻은 개나 늑대 무리의 우두머리 수컷이라고 한다. 그리스 문자인 '알파, 베타, 감마 …… 오메가'의 첫 번째 글자인 알파(alpha)와 남자(male)의 합성어다. 미국의 언론인이자 저술가인 이저벨 윌커슨(Isabel Wilkerson)은 "우두머리 수컷을 뜻하는 알파 메일이라는 말은 기르던 개를 관찰하며 만든 용어이거나 이런 사회적 동물의 반려종 무리 사이에 어떤 유사성이 있을 거라는 짐작에서 나온 용어다. 약자(underdog), 독불장군(lone wolf)도 같은 맥락이다."라고 말한다.

최근에는 '알파메일(alpha male)'이라는 용어가 원래 의미에서 벗어나 잘못 사용되고 있어서 바로 잡으려는 움직임이 있다. 가장 근본적으로는 개나 늑대 무리의 알파와 인간 무리의 알파는 다르기 때문이다. 알파남이라는 말이 탄생한 늑대와 개의 무리에서 말하는 '알파'와 SNS에서 말하는 인간 '알파남' 사이에는 큰 차이가 있다. SNS에서 말하는 인간 알파남은 '리더십을 갖춘 멋있는 남성'이라는 의미보다는 '능력 있는 잘 생긴 남성'을 의미하는데 이는 비뚤어진 능력주의의 반영으로 보인다.

그렇다면 개와 늑대의 세계에서 알파는 어떤 존재일까? 동물행동학을 연구하는 학자들은 동물 세계에서의 알파메일이 실제로 반드시 크고 강한 수컷은 아니며, 집단을 이끌어야 하기 때문에 과도하다 싶을 정도의 의무를 갖고 있다고 말한다. 그들은 무리 내의 갈등을 통제하고 해결하는데 일반적으로 약자의 편에 선다. 그리고 매우 강한 공감능력을 가지고 있어서 다른 개체들의 어려움을 이해하고 위로하는 역할이 주어진다. 그들이 말하는 알파메일의 특징은 거의 비슷하다. "동물 세계에서 진정한 알파는 외부의 침입에 두려워하지 않고 무리를 보호하지만, 무리 안에서는 좀처럼 나서지 않으며, 무리에게 공격적인 행동을 하거나 짖어서 명령하거나 물리적 수단을 동원해 통제하는 경우는 거의 없다."는 것이다. 혹시 문장을 놓쳤다면 다시 강조한다. 늑대와 개의 무리에서 우두머리인 알파남은 결코 자신의 무리 일원, 정확히 말하면 자신보다 약한 구성원에게 자신의 힘을 과시하는 일이 없다.

"인간은 개를 어린아이처럼 대하지만, 무리 지어 사는 동물인 개는 알파가 던지는 신호에 반응해요. 인간 알파는 목소리를 높이면 절대 안 돼요. 그래 봐야 개는 못 알아들어요. 주의를 주려고 목소리를 높이면 개는 당신을 대장으로 보지 않아요. 그러면 이미 진 거예요. 진정한 알파는 그런 식으로 하지 않고 또 그럴 필요도 없어요. 알파라는 사람이 그런 방식을 고집한다면, 개들은 전혀 통제되지 않는다는 신호를 낼 겁니다." 이저벨 윌커슨은 자신의 책 《카스트》에서 자신이 키우던 개를 통제할 수 없어서 골치가 아팠던 경험을 이야기하면서 당시에 동물 행동 전문가로부터 들었던 조언을 기록하고 있다. 그러고는 자신이 들었던 말과 아주 흡사한 이야기를 하나 더 이야기하는데 그것은 옐로스톤(Yellowstone) 국립공원에서 늑대의 행동을 연구하는 리처드 맥킨타이어(Richard Mcintyre)의 말이다. "알파 수컷 늑대의 특징은 조용한 자신감과 조용한 자기 확신입니다. 녀석은 무리에게 가장 좋은 것이 무엇인지 알고 있어요. 그리고 솔선수범으로 무리를 이끌죠. 그렇게 해야 마음이 편하거든요. 그래야 무리를 진정시킬 수 있고요." 무리의 여러 베타와 감마 늑대들이 각자의 임무를 수행할 수 있는 이유는 우두머리인 알파의 지혜를 확실히 믿기 때문이다.

지금까지 살펴본 것처럼 진정한 알파는 자신이 속해 있는 집단이나 무리에서 지배력이나 힘을 과시하기보다는 자신의 의

무를 조용히 수행함으로써 권위를 드러낸다. 알파가 단지 힘으로 무리를 지배하고 복종을 얻어내려 할 경우 집단 전체가 위험에 빠질 수 있다. 알파는 자신에게 주어진 정당한 힘을 조용하고 확실하게 행사함으로써 무리로부터 충성을 확보한다. 알파는 구성원들로부터 존경과 선망을 받지만, 리더로서의 정당성은 공동체를 위해 헌신하는 선행을 통해 확보된다. 알파는 공동체의 안전과 안녕을 확실하게 지켜줌으로써 구성원들에게 신뢰를 심어준다.

알파 늑대의 생각과 행동의 목적은 무리 늑대들의 삶에 도움이 되는 것이다. 나머지 늑대들이 알파를 믿고 따르는 것은 그들을 안전하고 풍요로운 삶을 살 수 있도록 최선을 다하는 것이 알파라는 사실을 알고 있기 때문이다. 인간 사회의 알파는 늑대 세계의 알파와 조금 다르다. 인간 세계에도 늑대 알파처럼 무리를 위해서 생각하고 행동하는 인간 알파들이 있지만, 모두가 그렇지는 않다. 자신의 이익을 위해, 혹은 자신이 생각하는 특정 집단의 이익을 위해서만 행동하는 경우도 적지 않다. 자신이 이끄는 무리가 크면 클수록 이익을 생각하는 구성원의 숫자는 늘어난다. 예컨대 국가라는 무리의 수장은 대통령이다. 그런데 특정 집단, 특히 자신을 따르는 사람 몇몇의 이익을 위해 대통령이 생각하고 행동한다면 어떻게 될까? 늑대의 우두머리, 알파는 모든 구성원을 위해 살아간다. 만약 자신이 속한 구성원 전체를 위해서가 아니라 일부만 위해서 생각하고 행동하는 사람이 있다면 그런 사람은 동물만도 못한 인간이다. 정확히 말하면 늑대나 개만도 못한 인간이다. '개만도 못한 인간'이란 뜬금없이 나온 비유적 표현이 아니라, 팩트에 기반한 정곡을 찌르는 말이다. 구성원이 부여한 힘을 오직 자신을 위해서만 사용하는 인간은 늑대, 개만도 못한 인간이다.

늑대의 세계에서 우두머리가 되기 위한 규칙은 단순하다. 무리를 위해 살아야 한다. 자신을 따르는 무리의 안전과 먹이를 책임지고, 무엇보다 편안하고 재미있는 삶을 살아가도록 한 마리한 마리 잘 살피는 세심함이 있어야 한다. 우두머리 늑대는 독재자가 아니라 강력한 안내자다. 자신의 지혜와 힘을 마지막 한 방울까지 쥐어 짜가며 오로지 무리를 위해 살아간다는 규칙이 늑대 사회를 유지시키는 절대 원칙이다. 만약 무리를 위하지 않고, 자신을 위해서만 살아가는 알파(우두머리)가 있다면 곧바로 도태되어 무리에서 쫓겨날 것이다. 야생 세계에서 그런 일은 일어나지 않는다. 알파가 된다는 것은 곧 무리를 위해 산다는 뜻이기 때문이다. 무리를 위해 살지 않으면 결코 알파가 될 수 없다.

왜 알파를 알아야 하는가?

늘대의 우두머리, 알파가 어떤 존재인지 요약하면 다음과 같다.

'무리에게 가장 좋은 것이 무엇인지 잘 알고 있고, 그것을 행동으로 보여주며 무리를 이끄는 늘대.'

만약 그 늘대가 인간 사회를 이해하고 인간의 말을 한다면, 인간 사회의 알파가 되어도 좋을 것 같다. 한국으로 치면 '대통령' 말이다. 우리에게 좋은 것이 무엇인지 잘 알고 있고, 그것을 행동으로 보여주는 리더는 늘대 무리뿐만 아니라, 인간에게도 절실하다. 늘대 사회와 인간 사회는 서로 다르지만, 공통점이 있다. 규칙이 사회를 움직인다는 점이다.

늘대 사회에서는 알파 늘대의 울음소리, 눈빛, 행동으로 규칙이 정해진다. 알파 늘대 앞에 다른 늘대가 알짱거리면 단단히 물리거나, 혼쭐이 나는 것, 때에 따라서 알파 늑대의 앞에서 달리는 것을 허용하는 것, 사냥한 먹이를 순서대로 먹는 것, 알파는 먼저 먹지만 조금만 먹고 다른 늑대에게 먹이를 양보하는 것 등이 그런 규칙이다. 인간 사회에서는 복잡한 규칙이 굉장히 많다. 차이점이 있다면 늑대 세계의 규칙은 그때그때의 신호와 각 개체의 머릿속에 존재하고, 인간 세계의 규칙은 텍스트로 존재한다는 점이다. 규칙이 담긴 텍스트를 우리는 법이라 부른다. 늑대 사회의 규칙은 알파의 머리와 행동 속에 있고, 인간 세계의 규칙은 모두가 볼 수 있는 법전 속에 있다.

로보의 무리처럼 6마리가 함께 다니는 늑대의 무리든, 인구 1억 명의 큰 국가를 운영하기 위한 법 체계든 본질은 똑같다. 무리를 이끌기 위해서는 규칙이 필요하다. 무리를 이끄는 목적은 무리 전체의 나은 삶이다. 그때그때 일관된 규칙에 의해 무리의 질서는 유지되고, 그렇게 정착된 질서는 구성원들의 더 나은 삶을 위해 작동한다. 규칙과 질서가 필요한 이유는 명확하다. 알파를 위한 것이 아니라, 구성원 전체를 위해서다. 알파의 지혜가 줄어들고 힘이 약해지면 새로운 알파가 그 자리를 대신하고 퇴역한 알파는 사라진다. 알파가 구성원 전체를 위해 생각하고 행동한다는 믿음이 있기에 다른 늑대들은 알파의 지혜를 믿고 각자의 임무를 수행한다. 6마리 늑대 무리든, 몇 십만 명의 공무원

조직이든, 수십 명 규모의 기업이든 능력이 뛰어난 구성원도 있고 뒤처지는 구성원도 있듯 10여 마리로 구성된 늑대의 무리에도 서열이 가장 낮은 늑대가 있다. 무리 속의 관계에서 자연스럽게 드러나는 '성격적 특성'에서 비롯된 결과다.

이저벨 윌커슨의 《카스트》에는 이와 관련된 이야기가 나온다. "보통 먹이를 가장 마지막에 먹는 오메가는 구성원들의 스트레스를 배출시켜주는 일종의 궁정 광대로, 종종 괴롭힘의 대상이 되기도 한다. 오메가 늑대는 야생에서 맞닥뜨리는 대치상황에서도 그 긴장을 정면으로 받아 맹수나 라이벌의 직접적인 표적이 되고, 심지어 사냥할 먹이가 없을 땐 같은 무리의 공격 대상이 되기도 한다. 오메가는 구성원을 단결시키는 일종의 접착제여서, 실제로 전쟁을 벌이지 않을 때에도 답답함을 발산할 수 있게 돕는 기능을 한다. 오메가는 무리의 체계 유지에 매우 중요하기 때문에 오메가를 잃으면 무리는 기나긴 애도 기간에 들어간다고 전문가는 말한다. 더 이상 살아야 할 이유가 없는 것처럼 무리 전체는 사냥을 멈추고 비통에 잠겨 엎드려 있기만 한다."

여기에 등장하는 오메가는 서열상으로 알파에 대립되는 개체이다. 오메가는 무리에서 서열이 가장 낮은 늑대로 가장 낮은 우선순위를 가지며 때로는 '희생양'의 역할을 한다. 오메가는 알파와 베타뿐만 아니라 모든 늑대에게 복종한다. 무리의 구조는 위계적이지만, 각 구성원은 알파, 베타, 오메가와 같이 무리에서 특정 역할을 수행한다. 오메가는 종처럼 행동하는데 무리에서의 역할은 너무나 중요하다. 오메가가 사라지면 무리 전체가 위험에 빠질 수도 있기 때문이다.

늑대 무리와 인간 사회의 가장 큰 차이점은 타고난 능력을 기반으로 그 역할이 정해지지 않는다는 것이다. 역사적으로 힘을 가진 계층은 좋은 교육을 받고 원하는 직업을 가질 수 있었다. 그들에게는 미래가 보장되고, 반대로 가난하고 힘없는 계층의 후손에게는 최소한의 기회조차 주어지지 않았다. 한쪽에서는 선택과 기회가 보장된 반면, 다른 쪽에서는 어떠한 기회도 없었고 따라서 희망도 없었던 것이다. 이것은 단지 성직자나 귀족, 혹은 양반과 같이 상위 특권 신분으로 태어나 평생 힘 들이지 않고 부와 권력을 독점했던 '지배 카스트'의 문제이거나 자신의 재능을 드러낼 수 있는 선택과 기회를 보장받지 못한 이들만의 문제가 아니었다. 그들만의 리그, 즉 다른 신분에 대한 진입장벽을 견고하게 세워놓고 신분적 이익을 보호하기 위해 공권력을 내세웠을 때의 불공정성이 낳은 피해는 피해 당사자인 개인과 공동체는 물론 인류 전체에 불이익을 가져올 수 있는 문제이기 때문이다.

인류는 동물의 세계를 관찰하며 많은 것을 배워왔다. 현재 우리가 겪고 있는 숱한 사회적 갈등, 정치적 문제를 해결하기 위한 첫 단추는 늑대의 무리와 인간의 무리는 티끌만큼의 유사점이나 공통점이 없다고 믿는 순도 100%의 자기중심적 태도에서 벗어나는 것이다. 자기중심적 태도로 인해 미국의 이민제한법, 인종차별법이 만들어졌고, 나치는 홀로코스트를 저질렀다. 한 개체가 정한 규칙으로 돌아가는 동물의 세계에서는 탁월한 알파가 필요하지만, 법질서로 돌아가는 인간의 세계에서는 탁월한 알파 하나보다, 알파가 무엇이고, 어떠해야 하는지 제대로 아는 사람들이 많아지는 것이 필요하다. 우리가 안고 있는 심각한 사회적 문제의 원인은 우리를 이끌 알파, 즉 훌륭한 리더가 아직도 나타나지 않았다는 사실이 아니라, 공부를 잘하는 능력과 알파의 자질을 똑같이 여기는 오해일지 모른다.

알파란 규칙을 정하는 존재다. 규칙은 자신을 위한 것이 아니라, 공동체를 위한 것이어야 한다. 자신을 위한 규칙이 아니라, 다른 구성원들을 위한 규칙이어야 한다는 것이다. 자신만을 위한 규칙을 정한다면 그건 알파가 아니다. 그건 치사하고 부끄러워해야 하는 일이다. 늑대 사회에 그런 알파는 있을 수 없다. 있을 수 없는 일이지만, 만약 늑대 무리에서 그런 개체가 알파가 된다면 자정작용으로 도태된다. 공동체, 무리 전체의 이익을 위협하기 때문이다. 알파의 조건은 자신이 아니라 무리를 위한 삶이다. 동물의 세계든 인간의 세계든 자신만의 이해나 특정한 몇

명을 위해 위해서 살아가는 알파가 있다면 그건 전체 사회의 비극이다. 고위공직자와 정치인들은 언제나 "국민을 위해서"라는 말을 달고 살지만, 대다수 국민이 그들을 냉소적으로 보는 이유는 간단하다. 그들이 국민을 위해 살아가지 않고 그들 자신, 혹은 힘을 가진 특정한 소수 무리를 위해 살아간다는 것을 본능적으로 알아차리고 있기 때문이다. 인간 사회에서 제대로 살아가려면 알파를 가장한 '가짜 알파'와 '진짜 알파'를 구분하는 능력이 필요하다. 그에 앞서 무엇보다 중요한 것은 스스로 좋은 규칙을 만드는 일원이 되는 일이다.

02

규칙에 대한 규칙

규칙을 정한다는 것

　앞서 말한 것처럼 동물의 세계와 인간의 세계의 공통점은 규칙을 정하는 일이다. 보통의 경우 인간이 사는 세상에서는 '알파'가 규칙을 정하는데 그것이 법이다. 인간이 사는 사회 대부분은 문자로 이루어진 법을 토대로 돌아간다. 민주주의 국가는 법으로 운영되는 법치주의 국가다. 법이라 부르든 규칙이라 부르든 상관없다. 더 많은 사람의 이익, 더 큰 가치를 위해서 개별 구성원들이 해야 할 것과 하지 말아야 할 것, 해야 할 때는 어떻게 해야 하는지를 꼼꼼히 정리한 것이 법이다. 사회가 복잡해지고 고도화될수록 갈등은 많아지고 깊어진다. 그런 갈등을 조정하고 해결하는 것도 법이다. 다양하고 수많은 개별 인간이 살아가는 사회의 가장 큰 단위인 국가는 법으로 운영된다.

　국가 권력이 존재하는 이유는 늑대 사회에서 알파가 존재하는 이유와 같다. 대다수 국민들이 편안하고 행복하게 살도록 만들기 위해서다. 대통령이 자신 또는 대통령 가족의 이익을 우선시하는 것은 있을 수 없는 일이다. 이는 동물 세계에서도 있을 수 없는 일이다. 특정 정부가 특정 집단만의 이익을 위해 일하는 것도 있을 수 없는 일이다. 국가의 권력은 국민이 부여한다. 국민이 부여한 권력이 국민 다수를 위해 지혜롭게 잘 쓰일 수 있도록 국가 조직의 힘은 크게 세 영역으로 분산된다. 행정부, 입법부, 사법부다. 힘센 늑대 3마리가 서로를 견제하며 균형을 이루면서 무리를 위한 최선의 행동을 할 수 있도록 제도를 만들었다고 생각하면 이해하기 쉽다. 그런데 알파 역할을 하는 세 마리의 늑대는 같을 수 없다. 제각각 다르고 각각의 역할이 있다. 한 마리의 늑대는 규칙을 정하고, 한 마리의 늑대는 정한 규칙을 실행하고, 한 마리의 늑대는 규칙을 어긴 늑대를 심판한다. 이 중에서 가장 먼저 해야 할 것은 규칙을 정하는 일이다. 규칙을 정해야 규칙을 적용할 수 있고, 규칙을 어긴 자를 벌할 수 있기 때문이다. 모두가 함께 기억하고 지켜야 할 규칙을 정하는 일을 하는 국가 기관이 바로 입법부다.

입법부인 국회에서 국민을 위한 규칙을 만드는 직업을 가진 사람을 국회의원이라고 부른다. 국회의원과 알파 늑대는 똑같이 규칙을 만든다. 늑대 무리의 알파는 스스로 규칙을 만들지만, 국회의원은 스스로 규칙을 정하지 않는다. 국회의원은 누군가를 대신하는 존재이기 때문이다. 그 누군가는 국민이다. 국민을 대신해서 국민의 입장이 되어서 규칙을 만드는 것이 국회의원의 일이다. 국회의원이 알파로서 규칙을 만드는 것이 아니다. 국민의 뜻을 대신해서 법을 만들기 때문에 우리는 이를 대의 민주정치라고 부른다. 국민의 뜻을 대신한다는 것은 국민이 원하는 규칙을 만든다는 뜻이다. 이를 국회의원의 입법 활동이라고 말한다. 한 국가의 법은 그 나라의 정체성이고, 국회의원은 입법 활동을 통해 한 나라의 정체성을 만들어가는 사람들이다. 법은 한 나라가 어떤 나라인지를 말해주는 알파요 오메가다. 법은 한 사회의 시작이자 끝이라는 말이다. 왜냐하면, 법은 '어떤 나라를 만들어나갈 것인가?'라는 본질적 질문에 대한 구체적 대답이기 때문이다.

2023년 7월 18일, 제헌절 다음 날에 두 사람이 죽었다. 한 사람은 24살 초등학교 교사였고, 한 사람은 군인이었다. 군인은 폭우로 실종된 사람을 구명조끼도 입지 않고 수색을 하다가 죽었다. 지휘관의 명령에 따르다 목숨을 잃은 것이다. 만약 국회의원이나 장관, 대통령이 그 현장을 찾아 물속으로 들어가는 일을 했다면 자의든 타의든 구명조끼부터 입었을 것이다. 나라의 법을 만들고 법을 바탕으로 나라를 운영하는 이들의 목숨은 중요하기 때문이다. 구명조끼도 없이 급류가 흐르는 강물 속으로 들여보냈다는 것은 사병의 목숨은 대통령의 목숨에 비해 깃털처럼 가볍게 여겼을지도 모른다는 생각이 오해이기를 바란다.

교육을 위한 교사의 책임과 권리를 깃털처럼 가벼이 여기는 사회는 불행하다. 앞날이 창창한 교사가 학부모의 갑질과 관리자, 교육청, 교육부의 무책임으로 스스로 목숨을 끊는 일이 일어나고 있다. 공교육이 무너지고, 교육의 가치가 흐려지는 총체적 난국 속에서 교사 한 사람이 모든 책임을 져야 하는 상황은 부메랑처럼 모두의 비극이 되어 돌아오는 법이다.

민주주의 사회에서는 모든 목숨의 무게가 똑같다. 명문대를 나와서 검사나 의사가 될 뻔했던 대학생의 죽음이든, 고등학교 졸업 후 최저임금을 받으며 콜센터 상담원 일이나 지게차 운전을 하며 부모 없이 살아가는 20살 청년의 죽음이든 똑같은 무게로 받아들여야 성숙한 사회다. 늑대의 무리처럼 어떤 이의 죽음이든, 심지어 가장 낮은 지위에 있는 존재의 죽음까지도 자신의 팔과 다리가 떨어져 나간 것처럼 진심으로 애통하게 여기는 사회만이 밝은 미래가 있다. 약자의 죽음과 강자의 죽음에 대해 이중 잣대를 가진 사회는 붕괴의 지름길을 향한다. 비극적 사건을 예방하는 것이 최선이겠지만, 그 사건을 막지 못해 일어났다면 우리에게 남겨진 것은 앞으로 이런 사건이 일어나지 않도록 '어떻게 변화할 것인가?'라는 질문에 대한 대답이다. 비극적 사건을 어떻게 처리하고 앞으로 어떤 대비를 하는가는 그 사회의 미래를 여는 중요한 발걸음이다. 이 모든 것들이 입법에 관한 일이다. 그래서 입법은 시작과 끝이다.

대한민국에서 입법에 관여하는 사람들의 주류가 얼마나 절실하게 다수 국민들의 더 나은 삶을 위해 자신의 삶을 바칠 정도로 진심을 다해 노력하고 있는지는 잘 모르겠으나, 한 가지는 분명하다. 대부분의 국민은 그들을 냉소적으로 본다는 사실이다. 재력과 권력을 가진 인간 알파들은 법에 밝다. 그들은 타인들을 위한 법이 아니라, 자신들을 위한 법에 밝다는 오해를 받는다. 법은 더 많은 사람들의 더 나은 삶을 위해 존재한다. 그것이 법의 존재 이유다. 만약 법이 소수의 힘센 사람들을 위해 존재하거나 권력을 위해 작동하면 위험사회로 진입했다는 뜻이다. 그렇기 때문에 법은 우선 잘 만들어야 하지만 운용도 잘해야 한다. 그래서 인류는 법을 만드는 자, 집행하는 자, 판단하는 자로 나누는 '삼권분립' 제도를 고안해냈다. 하지만 정치 후진국에서는 당대의 권력자들이 편의에 따라 '법대로'를 빙자한 권력의 남용을 즐기고 있다.

법이 사회를 지탱하는 다수의 약자를 위해 작동하지 않는다면, 그런 법은 그 사회를 붕괴시키는 지렛대가 된다. 늑대 무리에서 알파는 서열에서 가장 뒤처지는 늑대까지 포함한 모든 구성원의 편안한 삶을 위해 살아가야 하는 것처럼, 법은 힘센 소수가 아니라 힘을 가지지 못한 다수를 위해 존재하는 것이다. 무리 전체를 좋은 방향으로 이끄는 것이 목적이라는 점에서 늑대 사회와 인간 사회는 똑같다. 다수의 행복이라는 목적은 같지만, 작동되는 방식은 다르다. 늑대 사회는 특정 늑대가 규칙을 결정하지만, 인간 사회는 불특정 다수의 인간이 규칙을 만든다. 법을 만드는 사람은 국회의원이 아니라, 국민이다. 국회의원은 국민의 뜻을 대신해서 입법행위를 하니 너무나 당연한 상식이지만 종종 이 중요한 사실을 잊고 산다. 다수 국민이 생업 때문에 하루하루 살아가기도 너무나 바쁘기 때문이거나, 국가가 의도적으로 이런 사실을 숨기거나, 시대착오적 생각을 하는 국회의원이 많기 때문일지도 모른다.

중요한 것은 '규칙에 대한 규칙'

2022년 SNS에서 크게 화제가 된 이야기가 있다. 가족과 놀이 공원에 갔던 한 아빠의 분노가 담긴 글이었다. 그 글을 요약해 자세히 재구성하면 다음과 같다.

'맛집'으로 알려진 순댓국집이 있는데 식사시간마다 손님들이 줄을 서서 기다린다. 아이들이 좋아하는 맛이라 아이들의 성화에 못 이겨 순댓국집 앞에서 줄을 서서 기다리는 아이 동반 가족들이 특히 많다. 순댓국을 먹으려면 30분 기다리는 것은 기본이고, 어떤 날은 1시간 넘게 기다리기도 한다. 부모는 이 순댓국집이 싫지만 아이들이 정말 먹고 싶어 하기 때문에 꾹 참는다. 긴 줄을 서서 참고 기다리면서 부모들은 좋은 점도 있다고 생각한다. 인내심 없는 요즘 아이들에게 참고 기다리는 법을 가르칠 수 있다는 점이다. 또한 줄을 서서 기다리는 법도 자연스럽게 가르칠 수 있으니, 교육적으로 나쁘지 않다는 생각을 하는 부모들이 많다. 그러던 어느 날, 순댓국집에서 이상한 티켓을 팔기 시작했다. 티켓의 이름은 '마법 통과권'이었는데, 사람들은 줄여서 '마통'이라고 불렀다. 순댓국 한 그릇의 가격이 만 원이었는데, 마통티켓의 가격은 3만 원이었다. 마통티켓이 있으면 순댓국을 한 그릇 먹을 수 있었다. 똑같은 순댓국인데 왜 3만 원짜리 티켓을 구입하냐고? 마통티켓이 있으면 줄을 서서 기다릴 필요가 없었다. 마통티켓을 구입하면 마법처럼 바로 순댓국집으로 들어가서 바로 식사를 할 수 있었다. 줄을 서지 않는 대가로 2만 원을 지불하는 것이 핵심이었다. 줄을 서서 기다리던 대부분의 사람은 식당 주인의 치사한 상술에 치를 떨었다. 하지만 아이들은 다리가 아프다며 마통티켓을 사라고 부모들에게 졸랐다. 시간이 금이라 여기기 때문에 1만 원짜리 순댓국을 3만 원을 주고 먹든, 5만 원을 주고 먹든 상관없는 사람들은 마통티켓을 구입해 다른 사람들이 줄을 서 있는 동안 순댓국을 먹고 나왔다. 마통티켓의 인기는 생각보다 많았다. 아이들은 돈만 있으면 줄따위는 서지 않아도 된다는 것을 자연스럽게 배웠다. 자본주의니까 문제될 것 없다고 보는 사람들이 점점 늘어갔다. 처음에는 분노하며 욕하던 평범한 사람들은 마통티켓을 쉽게 사지 못하는 자신의 얇은 지갑을 원망하게 되고, 뭔가 잘못되었다는 자신의 생각에 문제가 있는 것은 아닌지 의심하게 되었다.

내가 이런 고리타분한 생각을 가지고 있어서 돈을 많이 벌지 못한다고 자책하는 사람들이 점점 많아졌다.

말도 안 되는 이야기라 할지 모르겠다. 하지만, 순댓국집을 놀이공원으로 바꾸면 현실이 된다. 아빠는 놀이공원을 가족들과 함께 찾았다. 아이, 와이프와 함께 놀이기구를 타기 위해 기다리고 있는데, '매직패스'라는 티켓을 구입한 사람은 별도의 출입구를 제공해 기다릴 필요 없이 바로 입장하는 모습을 본 것이다. 5개 정도의 매직패스를 구입하면 종합이용권 금액에 해당한다. 매직패스를 보여주면 별도의 출입구로 들어가 잠시 기다린 후 5분 안에 놀이기구를 탈 수 있게 해준다. 돈을 내면 줄을 서지 않아도 되는 혜택을 주는 것이다. 기다림에 지친 아이가, "왜 저 사람들은 줄을 서지 않고 들어가?"라고 물으면, 밝은 얼굴로, "아, 저 사람들은 돈을 더 많이 내었기 때문에 줄을 서지 않아도 되는 거야. 우리가 사는 사회는 돈을 내면 이렇게 기다리지 않아도 되는 거야."라고 말할 것인가? 아이에게 '너도 돈 많이 벌어서 저 사람들처럼 줄 서지 않는 삶을 살면 좋겠어. 너는 꼭 성공해서 줄 서지 않는 사람이 되길 바라.'라는 말을 굳이 하지 않아도 된다. 아이는 당연히 스스로 그렇게 이해할 것이니까.

놀이 공원에서 파는 매직패스는 아무 문제가 없고, 순댓국집에서 파는 마통티켓은 문제가 된다고 생각하면 현실을 칸막이로 이뤄진 몇 개의 상자 정도로 이해하는 순진함 또는 이중 잣대다. 돈을 주면 줄 서지 않아도 되는 규칙은 잘못된 것이라고 생각할 수도 있다. 하지만 그리 간단한 문제가 아니다. 비행기에 탑승할 때 퍼스트 클래스 티켓을 가진 승객이 먼저 타는 것을 보고 순댓국집 사장에게 문제를 제기하듯 분노하는 사람은 드물 것이다. 순댓국집을 퍼스트 클레스 티켓을 파는 항공사처럼 바꾸어야 할 것인지, 항공사들이 길게 줄을 서는 순댓국집처럼 바꾸어야 할지 양자택일할 문제는 아니다. 문제는 규칙 자체가 아니라, 규칙이 만들어진 이유와 과정이다. 규칙이 왜 생겼는지, 규칙의 목적이 무엇인지, 규칙을 통해 어떤 사회를 만들어가야 할 것인지의 문제다. 규칙보다 중요한 것은 '규칙에 대한 규칙'이다.

좋은 규칙, 나쁜 규칙

　재미는 삶에서 꼭 필요한 요소다. 공부와 일을 할 때 재미를 느끼면 인생이 바뀐다. 사람을 만날 때나 혼자 있을 때 재미를 느끼면 삶이 행복하다. 바퀴가 하나뿐인 외발 수레는 물건을 많이 싣기도 어렵고 쓰러질 가능성도 크다. 크고 튼튼한 바퀴가 양쪽으로 단단히 달린 수레는 물건을 실을 때도 안정적이고 잘 쓰러지지도 않는다. 인생을 수레에 비유하면 수레에 넣고 옮기는 물건은 우리의 경험이다. 우리가 원하는 경험은 재미도 있고 의미도 있는 경험이다. 의미만 있고 재미가 없는 경험은 시간이 지나면 쉽게 지친다. 의미는 없고 재미만 있는 경험은 시간이 쌓일수록 공허감을 느낀다. 매일매일 일상의 경험이 삶을 구성하는 기본 단위라고 했을 때, 의미과 경험 둘을 함께 느낄 수 있다면 좋은 삶이 될 가능성이 현격히 높아진다. 경험을 담아가는 수레가 인생이라면, 수레를 안정적으로 지탱하는 두 바퀴가 필요하다.

　누구보다 열심히 살아가는데도 불구하고 삶이 재미도 없고 의미도 없다면 규칙 때문은 아닌지 돌아볼 일이다. 타인이 만든 규칙에 억지로 내 삶을 끼워 넣어 살아가고 있는 것은 아닌지, 그리고 그 규칙들이 문제가 있는 것은 아닌지 돌아볼 일이다. 규칙들을 만드는 과정과 집행되는 과정에서 철저히 내가 소외되어 있는 것은 아닌지 돌아볼 일이다. 어떤 사회가 깊고 복잡한 사회적 갈등을 안고 있다면 규칙에 관여하는 폐쇄적 집단이 그 사회를 좌지우지하고 있을 가능성이 크다. 민주주의 사회의 목적은 구성원 개개인이 삶의 보람과 재미를 느끼게 만드는 것이다.

법치주의 국가란 법이라고 부르는 규칙을 기반으로 돌아가는 국가를 말한다. 누가, 어떤 과정을 통해, 어떤 규칙을 정하는가의 문제는 꼬마들의 잡기놀이 게임이나 한 국가의 법률 체계나 본질이 똑같다. 어릴 적 기억이나 최근에 보았던 아이들을 떠올리며 쉽게 생각해 보자.

놀이터에서 5명의 아이가 함께 놀고 있다. 그런데 가만히 관찰하니 한 아이만 규칙을 만든다. 가장 힘이 센 것 같은 아이가 규칙을 정하면 나머지 아이들은 따른다. 아이가 알파라서 따르는지 다른 이유가 있는지는 좀 더 지켜봐야 알 수 있다. 앞서 늑대를 통해 말했듯이 힘이 세다고 알파가 아니다. 가만히 보니 의견을 따르는 4명 모두가 자발적으로 한 아이의 의견을 따르는 것 같다. 한 아이가 놀이의 새로운 규칙을 만들 때마다 다른 아이들은 즐거워하며 흔쾌히 동의한다. 그러고는 업그레이드된 규칙에 따라 모두 즐겁게 논다.

좋은 규칙이란 재미를 극대화하는 규칙이다. 규칙은 행동을 규정한다. 내가 이렇게 행동했을 때 이런 결과가 있을 거라는 서로의 약속이 규칙이다. 내가 어떤 행동을 해도 그 결과가 어떨지 아무도 모른다면 놀이는 성립하지 않는다. "얼음!"이라고 외치고 먼저 멈춰섰는데도 그게 무슨 의미인지 상대가 모르고 있다면 놀이를 할 수 없다. 놀이할 때 규칙의 목적은 재미다. 누가 어떻게 규칙을 정하더라도 놀이를 재미있게 할 수 있다면 상관없다. 한 명의 아이가 규칙을 알아서 정하더라도 나머지 4명의 아이가 자발적으로 동의하고 적극적으로 게임에 참가할 수 있다. 타인이 만든 규칙에 흔쾌히 동의하고 몰입할 수 있는 이유는 간단하다. 그렇게 만들어진 규칙에 따랐을 때 가장 재미있게 놀이를 즐길 수 있기 때문이다. 이런 경우를 늑대 사회에 비추어보면 규칙을 정하는 1명의 아이는 알파다. 아이는 무리 전체를 생각하고 어떻게 하면 재미있게 놀 수 있을까를 고민하며 규칙을 생각해 낸다. 나머지 아이들도 그렇게 만들어진 규칙이 자신들이 참여한 놀이를 재미있게 만들어 행복한 경험을 선사하기 때문에 알파의 결정에 따른다.

다섯 아이 모두가 각자 의견을 내고 그런 의견들이 수렴되어야 반드시 놀이의 좋은 규칙이 만들어지는 것은 아니다. 놀이에 참여한 모든 아이가 자유롭게 자신의 의견을 말하지만, 아무리 해도 놀이를 위한 규칙이 만들어지지 않고, 내놓은 몇 가지 규칙은 서로 상충되어 놀이과정에서 유기적으로 적용되지 못할 수도 있다. 모두가 즐겁게 참여할 놀이의 규칙을 만들 수 없다는 말은 놀이를 할 수 없다는 말과 똑같다. 단순한 한두 가지 규칙으로 놀이를 시작하더라도 놀이의 과정을 통해 다양한 놀이 상황을 설명하고 놀이의 목표에 맞는 새로운 규칙들이 만들어져야 놀이가 지속된다. 좋은 놀이란 놀이에 참여한 아이들 모두가 놀이를 즐기며 그때그때 필요한 규칙들을 함께 만들어갈 수 있어야 한다. 규칙을 스스로 만들 수 있는 조건이 되어야 내가 만들어가는 놀이, 나의 놀이가 되는 것이다. 물론 다른 이가 이미 만들어 놓은 놀이를 통해서도 몰입감을 느끼며 재미있게 놀 수 있다. 만약 그럴 수 있다면 그 놀이의 규칙이 좋은 규칙이기 때문일 것이다. 놀이란 곧 규칙이다. 진정한 알파가 참여자 모두의 재미를 위해서 규칙을 정해나가는 것도 좋지만, 그보다 더 좋은 방법은 놀이에 참여한 아이들 스스로 규칙을 만들어나가는 것이다. 규칙을 정한다는 것은 때때로 놀이만큼이나 재미있는 일이기 때문이다.

아무리 놀이가 재미있더라도 1명의 구성원이 전적으로 놀이의 규칙을 만들고 나머지 아이들은 만들어진 규칙을 따르기만

한다면 놀이는 지속가능하지 않다. 한 명이 일방적으로 만든 규칙은 일시적으로는 효과적으로 작동하겠지만, 시간이 켜켜이 쌓일수록 제대로 작동하기 힘들다. 재미있는 놀이란 놀이에 참여한 다양한 아이들의 경험과 반응의 축적된 결과물이기 때문이다. 그래서 재미있는 놀이, 좋은 놀이는 놀이의 과정에 아이들의 자유로운 의견이 규칙에 반영되는 놀이다. 놀이의 재미를 결정하는 것은 규칙이고 모두가 만족하며 재미를 느낄 규칙을 만드는 것이 관건이다. 모두가 참여하기만 한다고 좋은 규칙이 만들어지는 것은 아니다. 이들이 저마다의 규칙을 내세우기만 한다면 국민의 눈에 비친 정치인들처럼 자칫하면 놀이를 시작하지도 못하고 규칙을 만들기 위해 다투다가 시간을 다 보내버릴 수도 있다. 삶이 재미가 없다면 잘못된 규칙을 만들고 있거나, 규칙을 만드는 과정으로부터 소외당하고 있을 가능성이 높다.

더 나은 삶을 돕는 규칙

이저벨 윌커슨은 자신의 저서 《카스트》에서 인류 역사에 등장했던 세 가지의 대표적인 카스트 체제에 대한 주장을 펼친다. 나치 독일의 카스트는 유대인들을 공포에 떨게 만들었고 결국 비극적 결말을 맞았다. 공식적으로는 폐지되었지만 현실에서는 여전히 사라지지 않고 있는 인도의 카스트, 그리고 가장 민주적인 것으로 포장되어 있지만 흑인과 백인이라는 인종을 기반으로 이어져온 미국의 카스트가 그것이다.

카스트의 문제점은 사람의 가치를 미리 정해진 서열에 따라 구분한다는 것이다. 누가 무엇을 할 수 있고 가질 수 있는지가 이미 정해져 있다. 지배 카스트는 하위 계급에게 지시하고 단속하고 징벌한다. 그들은 자신보다 아래 계급에 있는 사람들이 자신의 자리를 넘보는 행동을 경계한다. 《카스트》에서 특히 흥미로웠던 부분은 미국에서 백인이라는 지배 카스트에 편입되기 위하여 실제로 일어났던 '미친 경쟁'과 관련된 부분이다.

"일본 이민자인 다카오 오자와는 미국에서 20년 넘게 살고 있었다. 그는 웬만한 '백인들'보다 피부가 하얗기에 백인 자격을 갖추었으므로, 따라서 시민권을 받아야 한다며 소송을 제기했다. 내가 백인과 무엇이 다른가? 그는 그렇게 주장했다. 피부가 하얀데 왜 백인이 아니란 말인가? 실제로 피부가 하얀 사람이 백인이 아니면 누가 백인인가? 백인의 의미가 무엇인가? 이 사건은 미국 대법원까지 갔다. 1922년 법원은 만장일치로 백인은 피부색이 아니라 '코카서스인'을 의미하며, 일본인은 코카서스인이 아니라고 판결했다."

미국에서 20년 넘게 산 일본 이민자 다카오 오자와는 자신이 웬만한 백인보다 피부가 하얗기 때문에 백인 자격을 갖추었다 생각했고, 시민권을 받기 위해 소송을 제기했다. 이에 대법원에서 내린 판결은 백인은 피부색이 아니라 '코카서스'인을 의미한다는 것이었다. 아무런 문제가 없어 보이는 이 판결의 문제점은 '미국에 있는 백인들 중에 코카서스 산맥에 거주한 조상을 가진 백인은 거의 없었다.'는 사실이었다.

이와 같은 판결이 있은 지 몇 달 후에 또 다른 시민권 소송이 있었다. "인도의 지배 카스트 출신인 바가트 싱 신드(Bhagat Singh Thind)는 자신이 코카서스인이며, 잘 알려진 대로 아리아인은 남쪽으로 내려가 인도에 정착해 그 나라의 상위 카스트를 형성했으므로 사실 그는 유럽인과 같은 혈통이라고 주장했다. 자신이 코카서스인이라는 그의 말은 정당한 주장 같았다. 코카서스 산맥은 이란 옆에 있어 서유럽보다는 이웃한 인도에 더 가까웠다."

이 소송에서도 법원은 신드의 주장을 인정하지 않았다. 이번에는 앞서와 달리 '조상'의 문제가 아니라, 보통 사람들이 인정할 수 있는 명백하고도 중대한 차이, 즉 '피부색'이 판결의 근거였다. 공평무사하지 않은 판결, 즉 신분적 이익을 보호하기 위해 사용된 공권력이 어떻게 비극적인 결말로 이어지는지를 이저벨 윌커슨은 다음의 사건을 통해 보여준다.

"인도 이민자인 바이슈노 다스 바가이(Vaishno Das Bagai)는 8년째 미국에 살고 있었다. 그는 아내와 3명의 자식이 있었고 샌프란시스코 필모어 스트리트에 잡화점을 소유하고 있었다. 그는 평소에 스리피스 슈트를 입고 짧은 머리에 옆 가르마를 타고 다녔다. 바가이는 비백인 이민자 단속에 걸려 시민권을 잃었다. 동시에 자신의 사업체도 빼앗겼다. 캘리포니아 법이 시민권자가 아닌 사람들의 경제적 권리를 제한해서다.

그는 인도로 돌아가려 했으나 여권을 빼앗겨 그마저도 불가능했다. 원래 고향과 멀리 떨어진 새 고향에서 거부당한 그는, 산호세에서 방을 하나 빌려 가스를 틀고 스스로 목숨을 끊었다. 그는 유서에서 미국으로 건너오기 위해 바쳤던 모든 희생이 물거품이 되었다며 절망했다."

이 사건의 희생자인 바가이는 자신의 상황을 "이쪽에는 장애물이 가로막고, 저쪽엔 바리케이트가 버티고 있고, 등 뒤에 있던 다리는 불타버렸다."라고 말하는데, 이는 규칙의 자의적인 적용과 경직성으로 인해 한 개인이 어떤 비극적인 결과에 이를 수 있는지를 잘 보여준다. 또한 지배계급은 그들의 이익을 보호하기 위해서라면 비합리적인 행동까지도 할 수 있다는 사실을 보여준다.

놀이터에서 깔깔거리며 노는 아이들의 놀이든, 5마리로 이루어진 늑대의 무리든 나름의 규칙이 있다. 늑대의 무리는 구성원들의 안전한 삶과 풍요로운 삶, 아이들의 무리는 재미있는 시간을 보내는 것이 목적이다. 모두 구성원들을 위한 규칙이라는 점에서 똑같다. 국가를 운영하는 규칙도 마찬가지다. 헌법은 법률을 만들 때 기준으로 삼아야 할 '규칙을 위한 규칙'이다. 국가의 규칙을 만들 때 잊지 말아야 하는 것은 규칙의 목적을 명시한 헌법이다. 국민의 기본권인 평등권, 자유권, 참정권, 청구권, 사회권 같은 권리가 침해당할 소지가 있는 법은 문제가 있는 규칙이다. 삶을 살아가는 동안 크고 작은 여러 일이 있지만, 그중 가장 중요한 것은 무엇보다 사느냐 죽느냐의 문제이듯, 국가의 규칙인 법을 만들 때도 다수 국민의 행복에 도움이 되는지, 그렇지 않은지를 살피는 것이 우선이다.

사회적으로 의미 있는 규칙은 대체로 약자를 대상으로 한다. 인류의 진보를 규칙의 관점에서 단순하게 바라보면 힘을 가진 사람의 권한을 줄이고, 힘이 없는 사람의 권리가 늘어나는 방향으로 규칙이 변해왔다고 할 수 있다. 어마어마한 재력과 권력을 가진 탓에 엄청난 힘을 행사할 수 있는 사람은 규칙이 있는 것보다는 없는 것이 좋다. 모든 것을 자신의 마음대로 할 수 있기 때문이다. 인간은 물론 살아 있는 모든 생명은 자유롭게 하고 싶은 것을 하며 살기를 원한다. 생명력이란 자유에 대한 갈망이다. 가진 것이 많고 힘이 센 사람은 하고 싶은 대로 할 수 있는 가능성이 높다. 모든 것을 가지고 있고, 모든 것을 할 수 있는 사람에게 규칙은 번거롭고 성가시다. 인간은 대체로 이기적으로 생각하고 행동하기 때문에 무한한 힘을 가진 사람이 하고 싶은 대로 모든 걸 하게 놔두면 문제가 생길 가능성이 높다. 상대적으로 힘을 가지지 못한 사람들에게 피해가 갈 수 있다. 인간 사회에 규칙이 탄생한 이유다. 규칙은 강자를 위한 것이라기보다는 약자를 위한 것이다.

인류의 가장 오래된 성문법전 중 하나로 알려진 함무라비 법전(The Code of Hammurabi)에도 이와 같은 내용이 있다. 함무라비 법전은 비문에 쐐기문자로 기록되어 있는데 모두 282개의 조문으로 이루어져 있다. 그 중에서 우리에게 잘 알려진 "눈에는 눈, 이에는 이"라는 법전의 구절은 복수의 의미를 갖는 동시에 피해 입은 것 이상의 과도한 복수를 금지한다는 의미도 포함하고 있다. 즉, 강한 사람이 약한 사람을 학대하는 일이 없어야 한다는 것이다. 간단하게 정리하면, 함무라비 법전의 편찬 목적은 가족이 없는 고아와 여성, 그리고 노인과 같은 약자들에게도 정의를 가져다주기 위한 것이었다.

우리가 살아가고 있는 사회를 상징하는 가장 간단한 도형은 피라미드이다. 아무리 자유로운 사회라 할지라도 한정된 자원 때문에 부나 권력은 소수에게 집중될 수밖에 없다. 힘을 가진 소수의 사람들이 다수를 위해서 살아간다면 참 아름다운 세상이 되겠지만, 세상은 동화가 아니다. 자본주의는 가질수록 더 많이 가질 가능성이 커진다. 힘이 강할수록 그 힘을 쓰고 싶은 욕망도 커진다. 그래서 규칙들이 생겨난다. 인간 사회에서 효율적으로 작동하는 규칙은 힘센 소수를 위한 것이 아니라, 피라미드 아래를 받치고 있는 다수 사람들의 삶을 위한 것이다. 규칙의 존재 이유, 규칙의 목적은 분명하다. 이미 모든 것을 가지고 잘 살고 있는 사람들을 위한 것이 아니라, 약하고 힘없고, 기회가 돌아가지 않는 다수 구성원들의 더 나은 삶을 위해 규칙이 필요한 것이다. 규칙이 소수의 힘 있는 자들을 위해서가 아니라, 다수의 힘없는 사람들을 위해 존재해야 하는 이유는 간명하다. 그래야 사회가 유지될 수 있기 때문이다.

전세 사기를 당해 스스로 목숨을 끊는 사람들, 최저임금 언저리에서 힘겹게 일하는 사람들, 밤길을 제대로 다니지 못하고 어디서 무슨 일을 당할지 몰라 두려워하는 여성들과 같은 다수의 약자들 역시 이 사회의 주인공들이다. 좋은 사회의 좋은 규칙은 강자들을 위해 존재하는 것이 아니다. 약자의 삶이 붕괴되면 사회 전체가 무너지기 마련이다. 누구든 언젠가 죽듯, 누구든 장애인이 될 수 있고, 누구든 경제적으로 어려워질 수 있으며, 누구든 통장잔고에 상관없이 절망에 빠질 수 있다. 세상에는 부족하고, 약해서 힘들게 살아가는 사람들이 훨씬 많다. 모든 인간은 때때로 그런 삶을 살아간다. 힘센 사람, 많은 걸 가진 사람은 규칙 따위 없어도 살아갈 수 있다. 큰 재력과 권력을 가지지 못한 다수의 사람이 더 나은 삶을 살 수 있도록 돕는 것이 규칙의 목적이다.

새로운 시대를 여는 규칙

　신분제 사회라는 앙시앵 레짐(Ancien Régime)에 대항해 능력 있고 열심히 일하던 부르주아지가 민중과 함께 일으킨 1789년 프랑스 대혁명이 일어나기 전 3세기 동안 프랑스는 절대 왕정 치하에 있었다. 혁명이 일어났던 루이 16세의 통치(1774~92)하에서 평민들의 삶은 피폐했다. 인구의 2%에 불과한 귀족과 성직자가 전체 토지의 40%를 독점했고, 상공업의 특권과 부를 쥐고 있었다. 인구의 98%인 평민은 가난했을 뿐더러 무거운 세금에 시달렸다.

　'정치'밖에 할 줄 모르는 제1계급 성직자와 제2계급 귀족은 전체 토지의 40%를 차지하고 있으면서도 면세 등의 각종 혜택을 누리면서 주요 권력과 부, 그리고 명예를 독점하였다. 인구의 약 98%를 차지하던 농민과 도시의 노동자들은 무거운 세금과 함께 각종 의무를 부담해야 했다. 심지어 그들은 정치에 참여할 권리도 없었다. 이런 와중에 계몽주의 사상의 영향을 받은 신흥 시민 계급이 등장했다. 그들은 평민들과 함께 불평등한 사회체제를 변혁하려고 노력했다. 프랑스 대혁명은 이렇게 평민과 신흥 시민계급이 왕과 귀족, 성직자에 대항해서 일어났다. 프랑스 대혁명이 인류 역사에서 가장 획기적 사건이라고 불리는 이유 중의 하나는 규칙, 즉 제도의 혁신이 이루어졌기 때문일 것이다.

"1789년 8월 4일, 국민제헌의회(National Constituent Assembly)는 새로운 헌법을 제안해 기존 프랑스 법률을 송두리째 뒤엎어버렸다. 무엇보다 가장 급진적이고 당시로서는 생각조차 할 수 없었던 개혁 제 11조는 다음과 같다. '태생과 관계없이 온 시민은 성직, 공직, 군대를 가리지 않고 어떤 직위나 품위라도 누릴 자격이 있으며 어떤 직업도 천하게 여기지 않는다.'"

《국가는 왜 실패하는가(Why Nations Fail)》라는 책의 저자들은 프랑스 대혁명의 개혁 제 11조를 통해 '만인이 법 앞에 평등한 시대가 도래'했으며 '한층 더 공정한 경쟁 환경이 조성되었다.'고 말한다.

이처럼 새로운 규칙은 새로운 시대를 연다. 현시대를 살아가는 대부분 사람이 더 나은 사회, 새로운 세상을 원하지만, 더디게 변하는 이유는 특정 정권이나 대중들의 탓이 아닐지도 모른다. 지난 역사를 보면 사회 변화의 근본 원인은 어떤 규칙을 채택하는지에 달린 것 같다. 어떤 규칙은 너무나 급진적이어서 대중의 공감을 얻기 힘들고, 어떤 규칙은 너무나 구태의연해서 대중의 외면을 받는다.

좋은 규칙을 만들려면 먼저 규칙을 집행하는 국가의 역할부터 분명히 정립해야 한다. 국가는 처음부터 있었던 공기 같은 존재가 아니다. 정치를 하는 많은 사람들이 국가라는 단어를 밥 먹듯 내뱉는데, 국가가 무엇인지 정확이 정의할 필요가 있다. 5년마다 바뀌는 특정 정권이 국가인지, 국민으로부터 세금을 걷어 예산집행을 하는 행정조직, 사법조직, 입법조직을 말하는 것인지, 영토와 부동산 같은 물리적 실체를 말하는 것인지, 한반도에서 숨 쉬며 살아가는 사람들을 뜻하는 것인지 정확히 정의할 필요가 있다.

인간은 누구나 행복을 말하고 행복한 삶을 살고 싶어 하지만, 다양한 사람 각자가 생각하는 행복은 저마다 다르다. 무엇보다 구체적으로 정확히 말할 수 있는 사람은 드물다. 국가도 이와 비슷한 개념이다. 국가를 위해서 전쟁터에 나가 목숨을 잃거나 팔다리가 잘려 돌아오기도 하는데, 삶을 바쳐 지키고자 하는 국가는 과연 무엇일까? 땅일까? 사람일까? 특정 정권일까? 또한 정치인들은 항상 국민이라는 말을 달고 사는데, 그들이 말하는 국민은 어떤 국민인지도 궁금하다.

5마리 늑대들도 제각각 개성이 달라 천차만별이듯, 5천만 명쯤 사는 국가의 국민들은 단 한 사람도 같지 않다. 점심도 먹지 못하고 물 마실 시간도 없이 한여름에 땀을 뻘뻘 흘리며 일하는 택배 기사와 강남에 여러 채의 빌딩을 소유한 건물주 아들로 태어나 요트에서 밤새 파티를 하고 늦잠에서 깨어나 냉장고 문을 열어 생수를 들이키는 이는 다른 사람이다. 경험도 생각도 지향하는 가치도 다르다. 아니 다를 수도 있고 같을 수도 있지만, 다를 가능성이 많다. 똑같은 스마트폰을 쓰더라도 주소로 찾아가기 위해 안간힘을 쓰는 택배기사의 스마트폰 화면과 무료한 점심시간을 달래기 위해 쳐다보는 재벌 2세의 스마트폰 화면은 다르다.

다양한 사람들이 살아가는 사회에서 특정한 규칙을 만드는 일은 어렵다. 택배기사를 위한 규칙을 만들면 그 규칙 때문에 삶의 질이 저하되었다고 반발하는 사람이 있다. 택배기사가 아파트 엘리베이트를 타지 못하게 하는 것, 택배 차를 아파트 1층 공간에 주차할 수 없게 만드는 것은 판타지 소설에 나오는 설정이 아니다. 일부이긴 하지만 현실에서 벌어지고 있는 일들이다. 인간은 자기중심으로 생각하고 판단하면 편향이 심해져 상식적으로 이해되지 않는 행동도 하기 마련이다. 아파트의 운영규칙이든, 한 국가의 법률이든 어떤 규칙을 만들기 위해서는 규칙의 목적이 분명해야 한다. 앞서 말했듯 규칙은 강자보다는 약자를 위한 것이어야 한다. 프랑스 혁명은 오랫동안 군림했던 강자를 향한 다수 약자들의 선언이었다. 물론 진짜 약자들은 혁명 근처에도 가지 못했을지도 모른다. 하지만, 사회는 상대적 약자를 배려하는 규칙으로 인해 조금씩이지만 더 나은 방향으로 나아가는 것이다.

추운 겨울날 춥고 배고파 부들부들 떨고 있는 아기 길고양이를 위해 음식과 보금자리를 마련해준다는 이유만으로 벽돌에 맞아 죽어야 하는 사회는 희망이 없다. 그런 사건 앞에 다수가 침묵하거나 오히려 캣맘을 혐오하는 사회는 붕괴가 시작된 사회다. 인간의 역사가 멈춘다면 약자를 배려하는 마음이 말라버린 탓일 것이다. 인류가 지금까지 번영할 수 있었던 이유는 약자에 대한 태도 때문이다. 강한 존재가 되기 위기 약자를 밟은 사람이 아니라, 약자를 위해 강자와 맞서 싸웠던 사람들에 의해 세상은 점점 나아졌다. 더 나은 사회를 만드는 것이 국가의 존재 이유다. 국가가 국가다운 역할을 하기 위해서는 약한 다수에게 관심을 기울이고 그들의 삶이 나아질 수 있도록 힘써야 한다. 만약 그런 역할을 자신의 책임으로 여기지 않는 정권이 있으면 프랑스 혁명처럼 규칙을 바꾸어서라도 변화시켜야 한다.

입법을 책임지는 국회의원들의 역할은 단순하다. 사회에 존재하는 수많은 갈등을 해결할 수 있는 좋은 규칙을 만드는 일이다. 좋은 규칙이란 더 많은 사람들의 삶을 개선시킬 수 있는 규칙이다. 약자를 배려하는 규칙과 다수를 위한 규칙은 대체로 일치한다. 아무리 힘없고 무기력한 구성원이라 하더라도 단 한 사람도 법률과 행정이라는 공적 제도의 의해 희생당하지 않고, 차별 당하지 않으며 각자가 서 있는 자리에서 배제와 혐오의 시선 없이 당당하게 살아갈 수 있도록 만드는 것이 정치의 목적이다.

더 나은 사회를 위한 정부

국가란 특정 정권도 아니고, 물리적 영토도 아니며, 사람들도 아니다. 국가란 굉장히 형이상학적 개념이다. 삶의 중심이자 사랑해야 할 대상으로서의 국가, 때로는 목숨을 바쳐서라도 지켜내어야 할 국가, 더 나은 곳이 되도록 노력해야 할 국가의 실체는 무엇일까?

다양한 의견이 있겠지만, 내가 생각하는 가장 구체적이고 현실적인 국가란 내가 지금 살고 있는 동네라고 생각한다. 아침마다 새들이 지저귀는 가로수 아래에서 갓 구운 빵 냄새를 풍기며 일찍 문을 여는 베이커리, 등굣길 아이들의 재잘대는 소리 뒤로 종종 걸음으로 출근하는 사람들, 아침, 저녁 혹은 점심을 먹고 거리를 거닐 때 눈에 들어오는 익숙한 풍경들, 그런 풍경을 이루는 사람들과 연결되어 있는 나의 삶이 바로 국가의 실체 아닐까? 국가란 수많은 이런 풍경과 그 풍경과 상호작용하며 살아가는 사람들의 집합체라고 생각한다. 그런 국가를 운영하는 주체가 정부다. 정부의 역할은 더 많은 사람들이 더 아름다운 풍경 속에서 행복하게 살아갈 수 있도록 만드는 것이다.

학교에서 배운 경제학과 현실 경제의 가장 큰 차이는 '정부의 역할'이다. 자유주의 관점에서 보는 시장은 소비자와 생산자의 자유로운 경제활동이 보장되어야 한다. 따라서 정부는 시장 개입을 최소화해야 한다. 정부의 시장 개입이 오히려 시장의 효율성을 저해한다는 주장은 익숙하다. 자유주의 이론에 따르면 각종 가격통제, 산업에 대한 정부 규제, 관세 등 수출입 규제, 각종 재정정책 및 통화정책은 자유로운 가격시스템에 왜곡을 가져오는 중요한 요인이다. 자유주의자들은 정부 개입의 축소가 시장의 효율성을 회복하는 유일한 대안이라고 주장한다. 자유주의자들의 주장대로 정부의 역할을 최소화하는 것이 현실 경제문제를 해결하는 만병통치약일까?

오늘날 현실 경제에서 정부는 중요한 경제주체다. 많은 분야에서 정부의 역할을 기대하는 경제 주체들이 많아졌기 때문이다. 예컨대 물가가 많이 올라서 서민 경제가 어려워지면 물가안정을 정부에 요구하기도 하고, 정부가 특정 산업에 지원을 명문화한 법률제정과 미래 새로운 경제 환경에 맞춘 기술력 확보를 위한 지원도 정부의 역할이라고 생각한다. 또한 선거에 나서는 정치인은 나름의 경제 전문가임을 자처하며 당선되면 어려운 경제상황을 극복하기 위한 정부의 역할을 강조한다. 그럼에도 불구하고 정부 역할에 대한 학문적 연구 성과는 다른 경제 주체에 비해 부족하다. 그 결과로 시장 만능주의가 탄생한다. 시장은 효율적인 의사결정을 이루어지는 곳이고 정부는 시장의 효율성을 저해하는 규제 기관 정도로 인식된다. 삶에 도움이 되는 현실 경제를 구축하려면 체계적인 정부의 역할에 대한 이해가 필요하다.

정부의 시장 개입을 불편하게 생각하는 사람들이 가장 많이 인용하는 사람, 시장 경제 개념의 원조는 애덤 스미스(Adam Smith)다. 근대 경제학의 아버지라 불리는 애덤 스미스는 시장중시와 인간의 이기심 '보이지 않는 손'이 국가의 부를 형성하는데 중요한 역할을 한다는 논리로 오늘날 자유주의 경제학에서 가장 중요한 인물이 되었다. 스미스는 인간의 탐욕과 허영심, 자기기만이 인류를 발전시키는 원동력이라고 보았다. 탐욕과 허영심이 경제적 삶의 엔진이 되어 부와 권세를 추구하는데, 부와 권세를 추구하는 자신의 탐욕과 허영심에 대한 부끄러움을 스스로 외면하는 태도가 자기기만이다. 스미스는 이러한 자기기만은 근면성, 연구 개발 등 긍정적 방식으로 발현된다고 보았다. 탐욕과 허영심, 자기기만으로 창출된 부와 권세는 그 유명한 '보이지 않는 손'을 움직이는 힘이다. 스미스는 시장 경제의 핵심 개념인

'보이지 않는 손'보다 더 중요하게 여긴 것이 있었다. 그것은 부끄러움과 내면적 성장이었다. 스미스는 자기기만에 의한 부와 권세보다 인간을 더 행복하게 하는 것은 내면의 부끄러움이며, 인간이 행복해지기 위해서는 가난에서 벗어나는 부의 획득만큼이나 인간의 내면적 본성과 성장을 강조하였다.

당시 스미스가 활동하는 시기는 중상주의가 크게 발달한 사회였다. 국가 권력과 결탁한 중상주의에 대한 스미스의 비판은 그의 저서 《국부론(The Wealth of Nations)》에서 많은 비중을 차지한다. 스미스는 인간의 내면적 고민을 동반하지 않은 중상주의를 통한 부와 권세는 진정한 성장이 아니라고 생각했다. 스미스 입장에서 절대왕정의 특권을 행사하던 국가의 역할은 중상주의와 더불어 비판 대상이 될 수밖에 없는 상황이었다. 이에 비해 상대적으로 국가의 지원을 받지 못하고 있었던 당시 신흥 산업자본가의 경우 근면함과 정직한 성과를 통해 성장하고 있었다는 점에서 스미스에게는 보다 바람직한 사례가 되었을 것이다.

스미스는 국가의 역할 자체에 크게 관심을 두지 않았을 것이다. 중상주의 시대의 절대왕정의 폐해가 스미스의 비판대상이 된 것이지 당시 정부의 경제정책이 경제주체들로 하여금 내면적 성장이 개인적 부와 함께 성장하는데 도움이 되는 방향으로 진행되었다면 정부의 역할을 오히려 강조하였을지도 모르겠다. 결국 스미스의 국가에 대한 고민은 경제적 부가 인간 본성과 같이 증진되기 위해 국가는 어떤 역할을 해야 하는 것인가로 귀결되었을 것이다. 당시 중상주의시대에는 필연적으로 국가가 시장에 개입하지 않는 것이 더 효과적이라고 결론지을 수 있다.

오늘날 경제는 독점과 부의 편중 등의 부작용으로 많은 사회적 문제가 커지고 있다. 그럼에도 불구하고 한편에서는 여전히 스미스의 논리를 인용하며 더 많은 자유를 요구하고 있다. 인간의 이기심이 경제적 부를 창출하는 것은 스미스의 이론에 부합하지만 경제적 자유를 내세운 독점과 특권을 통해 창출된 부는 스미스가 가장 우려한 현상이었다. 스미스가 다시 태어난다면 자신의 생각과 달라진 낯선 현실 속에서 정부의 역할을 역설할지도 모르겠다.

삼강오륜(三綱五倫) 중 장유유서(長幼有序)는 윗사람을 공경하라는 의미로 자주 인용된다. 장유유서란 나이 많은 사람과 어린 사람 사이에 순서가 있다는 뜻이다. 윗사람을 힘을 가진 사람으로 생각해 보자. 힘 있는 사람이 먼저 큰 몫을 챙기는 것이 장유유서의 참된 뜻은 아니라 생각한다. 예전 사회에서 나이는 그 자체로 권력이었다. 힘 있는 사람이 더 먼저, 더 많은 몫을 챙겨야 한다는 뜻이 아니라, 나이 적은 사람, 힘없는 아랫사람이 더 많은 혜택을 누리도록 순서를 정해야 한다는 것이 장유유서의 본래 취지라는 생각이 든다. 모든 것이 부족하여 공평하게 나누어도 모두가 만족하지 못하는 상황을 가정해 보자. 가장 먼저 자신의 몫을 결정해야 하는 윗사람은 당연히 아랫사람들을 배려하여 자신의 몫은 적게 가져야 인간적 도리다. 아랫사람에 대한 윗사람의 배려로 아랫사람에게 더 많은 몫이 돌아가는 것이 그 반대의 경우보다 바람직하다. 장유유서가 윗사람, 힘 있는 사람, 더 많이 가진 사람에게 더 많은 혜택이 돌아가도록 한다면 이는 장유유서의 본래 가치를 왜곡하는 것이다. 애덤 스미스의 '보이지 않는 손' 역시 오늘날 '장유유서'와 같이 기득권을 강화하는 도구로 해석되고 활용되고 있는지도 모르겠다.

좋은 국가를 만들기 위해서는 정부의 역할이 무엇인지, 국민의 삶과 시장에 어느 정도까지 개입해야 하는지를 정해야 한다. 작은 정부로 개입을 최소화하는 것이 좋다는 신자유주의자들의 주장은 애덤 스미스의 《국부론》에 기인하지만, 애덤 스미스 본인은 정작 좋은 사회를 만들기 위해서 국가의 개입을 중요하게 여겼다. 규칙을 만들어 규칙을 적용하기 전에 규칙 집행의 주체인 정부의 역할을 명쾌하게 정리할 필요가 있다. 개입이냐, 불개입이냐, 작은 정부냐, 큰 정부냐와 같은 방법론적 논쟁은 의미가 없을 수 있다. 중요한 것은 목표다. 국가의 실체가 무엇인지, 어떤 국민을 대상으로 할 것인지, 갈등이 생길 경우, 갈등 조정의 우선순위가 무엇인지 명쾌히 정리할 필요가 있다. 대원칙은 정부가 개입하지 않으면 힘들어질 사람들의 삶을 우선 고려하는 것이 맞다. 그게 정부 조직의 존재 이유다. 특정한 소수 사람들의 부를 불리는 것이 아니라, 더 많은 사람들이 더 잘 살게 만드는 것이 정부 본연의 역할이다.

산업화의 초석이 된 농지개혁법

　대한민국은 제2차 세계대전 이후 독립한 신생 국가들 중에서 경제 강국으로 성장한 거의 유일한 국가다. 대한민국 사람들만의 자부심이 아니라, 세계 경제사에서 유래를 찾아볼 수 없는 객관적 사실이다. 많고 많은 나라 중에서 왜 하필 우리나라만 가장 짧은 시간 동안 가장 가난한 나라에서 가장 잘 사는 나라 중 하나가 되는 대단한 일을 이루었을까? 여러 이유가 있겠지만 가장 중요하고 근본적 원인이 있다. 그것은 과거 극복이다. 과거란 식민지 경제다. 한국이 빛나는 성장을 이룬 이유는 식민지 경제의 부작용을 가장 효과적으로 극복했기 때문이라고 생각한다.

　식민지를 경험한 대부분, 아니 거의 모든 나라는 제국주의로부터 1차 산업을 강요받았다. 우리나라도 일제가 조선에 지주제를 강화하였으며, 이로 인하여 여러 가지 사회적 문제가 생겼다. 독립 이후 경제성장에 걸림돌은 지주들이다. 그 이유는 식민지를 거치면서 지주들의 사회적 지위가 확대되었을 뿐 아니라 독립 이후에도 이들은 모든 국가적 의사결정에 자신들의 이해관계를 관철시키며 산업 자본의 성장을 억압했기 때문이다.

우리가 식민지 경제의 한계를 극복할 수 있었던 것은 대한민국 정부가 수립되고 어렵사리 통과시킨 '농지개혁법'의 성과다. 경자유전(耕者有田)의 원칙을 실현하기 위해 제정된 농지개혁법은 지주의 농지 소유를 제한하고 소작제도를 금지했다. 당시 지주들의 이해를 대변하던 한민당의 적극적이고 조직적인 반대에도 불구하고 극적으로 국회를 통과하였다. 그러나 정보를 미리 입수한 지주들의 횡포와 법률 통과 직후 6.25가 발발하는 등 집행과정에서 한계를 노출하며 경자유전의 원칙을 확립하고자 한 농지개혁법의 입법 취지를 구현하는 데에는 아쉽게도 실패하고 말았다. 그럼에도 불구하고 농지개혁법이 우리 경제에서 가지는 의의는 경자유전의 원칙보다 더욱 큰 것이었다. 그것은 토지를 기반으로 하는 1차 산업에 자원이 배분될 수 없는 구조를 형성한 것이었고, 지주들의 사회적 지위가 고착화되는 것을 막았고, 가까운 미래에 자본이 축적되면 기반 시설을 마련할 수밖에 없는 산업구조를 스스로 구축한 것이기 때문이다.

이에 비해 제2차 세계대전 이후 우리나라와 비슷한 과정을 거쳐 독립한 국가들이 우리나라보다 좋은 조건이었음에도 불구하고 경제적 성과가 미약한 결정적인 이유는 아직도 이들 국가

의 가장 중요한 계급이 제국주의 시절 플랜테이션 농업을 기반
으로 성장한 지주들이라는 것 때문이었다. 필연적으로 지주들이
사회적으로 대부분의 요직을 독점했고 국가적 의사결정 역시 지
주를 중심으로 이루어지다 보니 법과 제도 또한 이들의 이해관
계에 의해 좌우될 수밖에 없었다. 이러한 사회 경제적 구조로는
산업사회에서 한참 앞서 있는 선진국과 경쟁하기 어렵다는 것은
자명한 사실이다.

'왜 어떤 나라는 잘 살고 어떤 나라는 가난한가?', '도대체
선진국과 후진국은 무엇이 다른가?'를 다루고 있는 《국가는 왜
실패하는가》에는 현재와 같은 남북한의 격차를 다음과 같이 설
명하고 있다.

"나라마다 경제적 성패가 갈리는 이유는 제도와 경제 운용에
영향을 주는 규칙, 사람들에게 동기를 부여하는 인센티브가 다
르기 때문이다. 남북한 청소년이 자신의 삶에서 어떤 기대를 할
지 상상해보라. 궁핍하게 자란 북한 청소년은 숙련직을 꿈꿀 만
큼 진취적인 기상이나 창의력도 부족하고 교육도 충분히 받지
못한다. ……중략…… 남한의 청소년에게는 양질의 교육을 받
고 자신이 선택한 직업에서 온 힘을 다해 두각을 나타낼 만한
인센티브가 주어진다. 남한은 사유재산을 기반으로 하는 시장

경제 국가다. 남한 청소년은 기업가나 근로자로서 성공한다면 언젠가 자신의 투자와 노력의 결실을 누릴 수 있다는 사실을 알고 있다. 이들은 돈만 있으면 생활수준을 높이고 자동차와 집 등의 소비재를 살 수 있으며 보건도 걱정할 이유가 없다. 남한에서는 국가가 경제활동을 지원하고 법질서를 유지해준다."

《국가는 왜 실패하는가》 책의 요지를 한마디로 정리하면, 국가가 실패하는 원인은 '정치 경제 제도' 때문이라는 것이다. 남한과 북한의 차이에 대해서는 문화적 요인이나 지리적 요인 등 많은 견해들이 있으나 이 책의 저자들은 '제도'에 주목한다. 남한과 북한의 차이는 분단으로부터 비롯되었으며, 분단으로 인한 정치제도의 차이가 경제발전의 차이로 이어졌다는 주장이다.

북한의 경우, 착취적 경제제도(extractive economic institutions)로 인해 국민들에게 인센티브를 마련해주지 못했기 때문에 빈곤의 악순환에 빠졌다는 것이다. 저자들의 주장에 따르면 빈곤의 악순환은 착취적 정치제도에서 비롯된다. 착취적 정치제도는 착취적 경제제도를 낳고 착취적 경제제도는 필연적으로 착취적 정치제도를 뒷받침한다는 것이다. 저자들은 이를 근거로 중국이 경제적으로 번영할 수 없다는 주장도 펼치고 있는데 공감이 되는 부분이 적지 않다.

이와 달리, 남한은 포용적 경제제도(inclusive economic institutions)를 선택했기 때문에 오늘날과 같은 번영을 맞았다는 것이다. 포용적 경제제도는 공평무사한 법 체제에서 비롯된다. 사유제산권의 보호, 교환 및 계약이 가능한 공평한 경쟁 환경을 보장하는 공공서비스의 제공, 교육과 투자를 바탕으로 하는 기술혁신, 개인의 성과에 대한 인센티브의 제공, 그리고 창조적 파괴 등이 보장되는 경제체제이다. 그리고 포용적 정치제도는 중앙집권화되고 다원적인 정치제도를 말하는데, 이는 소수 엘리트들의 기득권을 견제하는 제도적 장치가 작동함으로써 다수의 이익을 위한 정치제도라고 할 수 있다.

포용적인 경제제도는 활발한 경제활동과 높은 생산성으로 이어지며 결국 경제적 번영을 가져 온다. 포용적 경제제도의 핵심은 사유재산권 보장이다. 사유재산권이 보장되어야 투자와 혁신을 통한 생산성 향상에 나설 것이기 때문이다. 역사적으로도 사유재산권은 왕이나 귀족처럼 힘을 가진 자들을 위한 것이 아니라, 힘을 가지지 못한 다수의 삶을 위해 만들어진 개념이고 사회의 밑바탕을 유지하는 가장 약자에게로까지 그 권리가 확대되는 데에는 오랜 세월이 걸렸다. 약자의 희생을 바탕으로 하는 약탈적 경제제도보다 포용적 경제제도가 지속가능한 성장을 약속하는 현실적 경제 모델이다. 여기서 말하는 포용의 대상은 부와 권력을 가진 이들이 아니라, 상대적으로 가지지 못한 사람들, 약자를 향한 포용을 말한다. 약자에 대한 배려는 단순한 높은 도덕적 가치 때문에 중요한 것이 아니라, 경제성장을 위해서도 중요하다.

비즈니스의 원칙을 바꾼 규칙

비즈니스는 아름다운 행위다. 타인을 위해 무언가를 제공하고 적당한 대가를 받는 것, 이타적 행위로 이기적 목적을 이루는 것, 타인의 나은 삶에 기여한 대가로 내 삶이 나아지는 것, 세상에 이렇게 단순하고 아름다운 개념이 또 있을까 싶다.

타인에게 도움을 주는 대가로 돈을 버는 원리, 이것이 자본주의 시장원리다. 도움을 주지 않는데 도움을 주는 것처럼 포장하고 왜곡하는 것, 실제로는 그렇지 않지만 마케팅으로 도움이 된다 믿게 만드는 것, 선택의 여지가 없게 시스템을 바꾸는 것과 같은 행위는 바람직한 비즈니스가 아니다. 사업가는 무엇을 어떻게 하면 더 많은 사람에게 도움이 되는지를 치열하게 고민하는 사람이다. 기업가의 이윤이란 선의와 양심으로 타인에게 도움을 준 것에 대한 자연스러운 대가다.

클린턴 대통령 시절 노동부 장관을 지냈던 로버트 라이시 (Robert Reich)는 미국은 정치권력과 기업권력이 결탁한 정실자본주의라고 폭로했다. 1971년에 미국의 기업가들은 워싱턴의 정치인들과 화학적으로 결합해 법률을 기업 비즈니스를 위한 도구로 만드는 시스템을 구축했다고 한다. 예를 들면, 그가 1970년대 중반에 연방 통상 위원회에서 일하며 어린이들의 건강에 나쁜 식품의 TV광고를 제한하는 법률을 제정하려고 했는데, 기업의 로비로 연방 통상 위원회의 예산이 끊겨버렸다는 것이다. 라이시의 표현에 따르면 "3차 세계대전이 일어난 것처럼 기업들의 반발이 심했다."고 한다. 정계와 재계가 결탁하여 그들의 이익만을 추구하는 정실자본주의는 대략 그때쯤 탄생한 듯하다.

오늘날 대부분 국가의 정부는 기업이 성장하도록 하는 걸 정치의 가장 중요한 역할이라고 생각한다. GDP, 낙수효과, 파이 키우기, 일자리, 산업육성, 법인세, 미래 먹거리 등 익숙한 키워드의 진원지다. 기업에 대한 각종 규제와 지원이 정치의 중요한 이슈인데, 그 목적이 다수 국민을 위한 것인지, 기업을 위한 것인지 헷갈린다. 미국의 지난 역사를 보면 지금 한국의 복잡한 현상이 명료해진다.

사업을 하지 않고, 정치를 하는 기업이 많다. 돈을 쉽게 벌고 싶기 때문이다. 사업을 통해 돈을 벌려면 원인과 결과로 나눠 봐야 한다. 돈을 버는 원인을 만드는 일이 먼저다. 돈 버는 일이란 더 많은 타인에게 도움을 주는 것이다. 이윤이라는 결과는 도움에 대한 적당한 대가다. 대중을 위한 사업을 하지 않고, 이윤을 위한 사업을 하니 다수 국민은 점점 힘들어지고, 상위 1%는 점점 부유해진다. 왜곡된 비즈니스의 개념 때문이다. 자기이익, 약육강식, 승자독식의 비즈니스가 아니라, 타인이익, 다수이익, 이윤 배분의 비즈니스가 필요하다. 선의와 양심에 기반한 아름다운 사업이 많아지면 좋겠다. 그렇지 않으면 사회가 붕괴할지도 모른다. 아니 이미 붕괴의 길을 걷고 있는지는 모르겠다. 자신보다 약한 존재를 끝끝내 밟고 일어서는 쾌감에 몰두하는 사회는 언제나 붕괴되었다고 역사가 말해준다.

아이들과 학생들이 성인이 되어 뭔가를 시작할 때, 그들이 자신들의 일을 생각하며 설레길 바란다. 자신이 관여한 사업이, 자신이 하는 일로 인해 더 많은 사람들의 삶이 나아지고, 더 나은 세상이 되어가고 있다는 자부심에 하루를 시작했으면 좋겠다. 학교에서 그런 것을 가르치면 좋겠다. 아니, 가르쳐서 될 일이 아니다. 학생 스스로 관심을 가지고 서로 활발히 이야기를 나누면 좋겠다. 교육이란 그런 내외적 조건을 만들어주는 일이다.

비즈니스의 본질은 남을 돕는 것이고 동시에 사회를 보다 나은 방향으로 이끄는 것이라는 마음으로 기업을 경영하는 사람들이 많아져야 한다. 소비자들도 좋은 기업의 좋은 물건을 알아보는 밝은 눈을 가져야 한다. 소비자 자신을 위해서이기도 하고,

좋은 기업을 위해서이기도 하다. 이와 관련해 최근의 환경과 관련된 '미닝아웃'(meaning out, 신념이라는 의미의 meaning과 coming out의 합성어), 즉 소비자의 신념을 표출하는 소비트렌드는 좋은 사례가 될 수 있을 것이다. 소비자들의 환경에 대한 높은 관심과 지지가 페트병 경량화를 통한 플라스틱 감축을 넘어 생수회사들로 하여금 리사이클 페트와 바이오 페트 등 순환 자원을 활용한 용기를 개발하게 만들었고 유통업체들도 100% 재활용, 또는 재사용할 수 있는 친환경 포장지의 개발 등에 나서도록 만들었기 때문이다.

좋은 소비자들이 좋은 기업을 알아보고 지지하고 응원하면 좋은 사회가 된다. 좋은 세상으로 나아가는 길은 정치의 영역이 아니라, 비즈니스의 영역이 될지도 모를 일이다. 좋은 기업이 많이 생겨나고 무럭무럭 성장할 수 있도록 좋은 규칙들을 많이 생겨나야 한다. 입법 활동을 하는 국회의원은 자신들의 이해가 아닌, 공적인 이해, 다시 말하면 더 많은 기업들이 더 많은 사람들을 도울 수 있는 제도를 만들기 위해 노력해야 한다. 기업도 정치인도 돈이 아닌 사람을 바라봐야 한다.

'축록자불견산(逐鹿子不見山) 확금자불견인(攫金子不見人)'라는 말이 있다. '사슴을 쫓는 자는 산을 보지 못하고, 금을 움켜쥐려는 자는 사람을 보지 못한다.'라는 뜻이다. 사슴과 산, 금과 사람의 의미가 그리 단순하지 않다. 사슴이라 믿었는데 사람이기도 하고, 산이라 믿었는데 금이기도 하고, 사람이라 믿었는데 사슴이기도 하다. 대부분의 사람들은 모호한 상태에서 삶을 살아간다. 내가 쫓고, 내가 가지려는 것이 정확히 무엇인지 인간은 잘 모른다. 경험을 한 다음이나, 경험을 추억처럼 반추할 시간이 되면 조금 명확해질 뿐이다.

보고도 보지 못하고, 듣고도 듣질 못하는 것이 바쁜 사람들의 현실이다. 그래서 선의로 한 사회를 움직이게 만드는 규칙이 필요하다. 자신만의 이익보다는 타인 혹은 공동의 이익을 생각하는 사람, 돈보다는 사람을 볼 줄 아는 기업이 많이 생겨나고 그런 기업들이 성장할 수 있는 제도가 필요하다. 사슴에 마음이 홀려 산을 보지 못한다는 말은 무엇보다 입법에 관여하는 사람들이 새겨들어야 할 말이다. 하나의 좋은 규칙은 수십만 명의 사람을 살리기도 하는 법이다. 반대로 나쁜 규칙 하나가 수백만 명의 생명을 앗아가기도 한다. 사람이 살고 죽는 것은 개인의 의지보다는 그 사회를 지배하는 규칙에 달린 일이다.

능력주의와 공정한 규칙

한 세계적 배우가 아카데미 남우주연상을 받았다. 당연한 듯 무대로 올라간 배우는 다음과 같이 수상 소감을 말했다.

저는 정말 많은 노력을 했습니다. 저를 지지하고 도와주는 사람이 없어도 저는 용기를 잃지 않았어요. 저는 저를 믿었어요. 언젠가 이런 날이 올 거라고 생각했어요. 오늘이 그날이네요. 저의 기나긴 노력과 저의 능력을 이제야 인정받았습니다. 그래서 저는 세상이 공정하다고 생각합니다.

사실, 이 영화는 힘들었어요. 함께 연기하는 배우들이나 연출자의 실력이 형편없고 마음도 맞지 않았거든요. 어쩌면 제 인생 최악의 작업이었는지도 모릅니다. 하지만 저는 포기하지 않았어요. 저로 인해 모두가 바뀌고, 저로 인해 좋은 결과가 나올 수 있다고 믿었어요. 그런 저의 믿음과 저의 노력 덕분에 결과가 좋았고, 그것이 제가 이 무대에 선 이유라고 생각해요.

제가 아니었다면 이 영화는 진즉에 망했을 거라 생각해요. 그런 점에서 저는 타고 났지요. 다만 세상이 저의 능력을 너무 늦게 발견해 주어서 아쉬울 뿐이에요. 그동안 저를 과소평가한 사람들에게 이 한 마디를 해주고 싶어요. 이제 나와 일하려면 줄을 서야 할 거예요. 여러분들도 노력만 하면 저처럼 될 수 있어요. 여러분이 아직 아카데미 주연상을 받지 못했다는 건 충분한 노력을 하지 않았다는 뜻이에요.

여러분, 세상은 공정합니다. 저를 보세요. 제가 그 증거에요. 그리고 꿈을 가지세요. 저를 롤모델로 삼으세요. 누구든 노력만 하면 저처럼 될 수 있으니까요.

아름다운 밤입니다. 좋은 꿈꾸세요.

수상 소감을 읽으며 어떤 생각이 들었는가? 일반적인 수상 소감과 좀 다르다. 아니 많이 다르다. 그렇다. 실제 수상 소감이 아니라, 가상의 수상 소감이다. 무언가 대단한 성취로 인정을 받으면 보통의 사람들은 자신이 이룬 성취는 오로지 자신 탓이라고 말하지 않는다. 그런 성취를 이루기까지 도움을 주었던 사람들을 떠올리며 그런 사람들에게 영광의 일정부분을 돌리기 마련이다. 속으로는 그렇게 생각하지 않으면서 말만 그렇게 하는 사람도 있고, 실제로 그런 겸허한 마음으로 삶을 살아왔기 때문에 그런 근사한 수상 소감을 말하는 사람도 있다.

크고 작고를 떠나 모든 성취에는 하나의 원인만 작용하지 않는다. 한 그릇의 음식을 먹을 수 있다는 것은 이루 헤아릴 수 없는 세상의 수많은 존재 덕분이다. 농사를 짓는 사람, 유통하는 사람, 가공해서 음식 재료로 만드는 사람, 그 음식 재료를 옮기는 사람, 판매하는 사람, 재료를 요리로 만드는 사람 등 수많은 사람이 관여한다. 사람뿐 아니다. 식물이 자라고, 꽃이 피고 열매를 맺으려면 지구의 공전과 자전으로 때에 따라 적절히 비춰주는 태양 빛, 나비와 꿀벌의 날개짓, 구름을 움직이는 바람과 비, 수백만 년의 이상의 풍화 작용으로 돌이 흙이 되고, 수많은 생명이 죽었을 때, 분해를 하는 벌레와 미생물 등 일일이 말할 수 없는 역할과 도움이 필요하다. 그래서 정상적인 인간은 음식을 먹을 때 감사하는 마음을 가지는 것이다. 아이들에게 반찬 투정을 하지 말라고 가르치는 것이다.

삶의 성취, 직업적 성취도 마찬가지다. 오로지 내가 잘났기 때문에, 오로지 나의 힘과 노력으로 무언가를 이루었다고 생각하는 사람은 위험하다. 이들에게는 자신의 성공이 오직 자신의 재능과 노력 때문인 것처럼 누군가의 실패 역시 재능과 노력이 부족 때문인 것이 된다. 모든 문제가 '자신', 즉 개인의 책임인 것이다. 이런 생각을 가진 사람들은 자신과 달리 실패한 사람들을 무시하는 경향이 있다. 무시는 쉽게 혐오로 연결된다.

최근 들어 사회적 혐오가 한국의 큰 문제 중 하나가 된 것과 노력만 하면 무엇이든 될 수 있다는 능력주의의 만연은 서로 무관하지 않다. 사회적 경쟁에서 뒤처진 사람들에게 위안과 배려를 하는 것은 건강하고 정상적인 사회의 상식이다. 하지만 주류 사회에 편입하지 못하고, 권력과 재력을 가지지 못하면 오히려 무시당하고 혐오의 대상까지 되기도 한다. 공부를 못하는 아이, 외모에 문제가 있는 아이, 가난한 부모를 만난 아이 등 내세울 것이 없고 잘나지 못한 아이들은 쉽게 왕따의 표적이 되고, 학교 폭력의 먹이감이 되기도 한다. 사회적 약자를 향해 조롱, 혐오, 분노, 폭력을 행사하는 사회는 위험 사회다. 약자에게만 위험한 사회가 아니라, 모두에게 위험한 사회다. 늑대 무리에서 서열이 가장 낮은 개체인 오메가는 때때로 놀림감이 되기도 하지만, 그들 공동체에서 얼마나 소중한 존재인지에 대해서는 모두가 알고 있다. 그래서 오메가의 죽음에 대해서도 알파의 죽음 못지않게 애도를 표한다. 모자라고 약자라는 이유로 무시하고 혐오하고 그들의 고통이나 죽음까지도 조롱하는 사회가 바람직한 사회일 수는 없다.

하버드대 철학과 교수 마이클 샌델(Michael Sandel)은 그의 책 《공정하다는 착각(The Tyranny of Merit)》에서 "개인의 능력만으로 성공할 수 있다고 믿는 공정성에 대한 착각은 성공한 사람에 대한 찬사와 선망, 성공하지 못한 사람에 대한 비난과 혐오를 낳는다. 능력주의 이상의 어두운 면은 '누구나 자기 운명의 주인공이 될 수 있고 자수성가할 수 있다'는 말 안에 숨어 있다. 능력주의 이상은 개인의 책임에 큰 무게를 싣는다. 능력주의의 폭정은 사회적 연대를 약화하며, 세계화에 뒤처진 사람들의 사기를 꺾는다. 또한 '학력주의 편견'을 조성하며, 노동의 명예를 줄이고 대학에 가지 않은 사람들의 위신을 떨어뜨린다. 민주주의를 타락시키고 일반 시민의 정치권력을 거세하는 상황을 초래한다."며 성공을 개인의 능력으로 여기는 사회적 풍조를 비판한다.

공부를 열심히 해서 좋은 대학에 진학하고 대학을 졸업한 후에 좋은 직업을 갖는 것은 어찌보면 너무나 당연한 일이다. 하지만, 공부를 잘 하는 것이 의지와는 무관한 재능이라면 어떻게 되는 것일까? 좋은 성적에 따른 좋은 대학과 좋은 직장이라는 보상이 정당하지 않을 수도 있다.

연세대 심리학과 김영훈 교수는 자신의 저서인 《노력의 배신》에서 "우리 사회는 책임을 강조하며 성공한 사람에게는 돈과 명예를 주고, 실패한 사람에게는 그에 걸맞은 처벌을 준다. 하지만 그 보상과 처벌이 정당한지는 의문"이라고 말한다. 나는 이 말에 동의한다. 단 한 번의 시험으로 정년 때까지 수십 년 동안 어떤 태도로 어떻게 일하더라도 그 직업을 유지할 수 있는 확고 불변의 자격이 주어지는 것처럼 불공정한 것도 없기 때문이다. 이런 시스템은 어떤 점에서 중세의 봉건제보다 더 고약한 제도다.

교육 개혁은 대학 개혁이 전제되어야 하고, 대학 개혁은 직업 개혁이 전제되어야 한다. 직업 개혁이란 학력, 경력에 상관없이 직업 정신에 맞는 열의를 가지고 실질적 성과를 내는 사람에게 기회를 주고, 그렇지 않은 사람에게는 기회를 줄이는 것이다. 19살에 100미터 달리기에서 단 한 번 1등을 했다는 이유로 89살이 될 때까지 근사한 직업, 돈, 명예와 자부심을 보장받을 수 있다는 생각은 큰 착각이다. 인생을 조금이라도 경험해본 사람이라면 누구나 아는 사실이다. 그럼에도 불구하고 아직도 다수가 입시 중심의 교육에 매몰된 것을 보면 이런 왜곡된 시스템으로 이익을 보고 있는 사람들이 우리 사회의 주류를 형성하고 있다는 설명은 합리적이라고 생각된다. '모든 성공이 노력의 결과로 치환되는 세상에서 성공한 사람들은 이 세상이 공평하지 않고 정의롭지 않은 세상이라고 느낄 수도 있지만, 따지고 보면 이 정의롭지 않은 세상과 환경에서 가장 이익을 본 사람은 다름 아닌 그들 자신이라는 것'이다.

사회학자 오찬호 역시 〈시험 결과가 곧 신분인 사회, 정말 당연한가요〉라는 칼럼에서 "킬러 문항(대학수학능력시험의 초고난도 문항)은 존재 자체가 한국 교육의 모순을 증명하기에 당연히 사라져야 한다. 하지만 도려내기 전 정확한 진단이 필요하다. 킬러 문항은 원인이 아니라 결과다. 학원에, 그것도 '의대를 목표로 하는 전문학원'에 오랫동안 의존해야만 풀 수 있는 문제가 출제되어 공교육이 엉망이 된 게 아니라, 사람을 솎아내는 경쟁이 별다른 제어 없이 축적되니 아무나 풀어서는 안 될 문제가 등장한 것이다. 봉사활동조차 취업 스펙이 되니, 이왕이면 해외 그것도 오지에서의 극한체험이 강력한 변별력을 지니는 것처럼 말이다. 그렇기에 정부의 킬러 문항 박멸 의지는 사회문화 전체와 연결되어야 한다." 라고 말했다.

"교육을 바로잡겠다는 건, 한국식 입신양명이 타인을 혐오하는 연료로 작동되었음을 인정하지 않고선 불가능하다."라는 오찬호의 말이 아니더라도 한국 사회에 변화가 필요하다는 것은 너무나 분명하다. 모든 영역에서의 변화가 필요하지만, 교육과 정치 영역에서의 변화가 절실히 요구된다. 이는 몇몇 사람들의 헌신적 노력만으로 가능한 일이 아니다. 규칙이 바뀌어야 가능한 일이다. 입법을 책임지는 국회의원들의 관심과 노력이 필요하다. 수십 년 전의 경험에 머물러 교육과 직업의 세계를 이해하는 구태의연한 사고방식부터 버려야 한다.

국회의원은 그 어떤 직업보다도 학습능력이 요구된다. 하지만 많은 국회의원들은 오로지 자신의 능력 때문이라고 수상 소감을 밝히는 배우처럼 '자아비대증'에 시달리는 듯하다. 좋은 사회적 규칙은 강한 자아를 가진 몇몇 사람들이 만들 수 있는 것이 아니다. 능력주의 환상에서 벗어나 약자 중심의 불특정 다수의 삶을 자신의 삶의 이야기처럼 마음을 열고 들을 수 있는 학습능력이 필요하다. 라마나 마하리쉬(Ramana Maharshi)는 자아는 버려야 찾을 수 있는 것이라 했다. 국회의원들을 포함한 정치인들의 자아가 너무 강한 것이 이 사회의 문제일지 모르겠다. 능력주의와 공정하다는 착각이 그들의 자기중심적 강한 자아를 만드는데 결정적 기여를 했을지 모르겠다.

03

규칙을 만드는 사람, 국회의원

임기 4년의 계약직

대부분의 계약직은 11개월이 계약 기간이다. 1년이 넘으면 퇴직금을 지급해야 하기 때문이다. 국회의원도 일종의 계약직이다. 계약 기간은 48개월이다. 국민의 투표로 4년 동안 일할 수 있는 기회를 준다. 매 임기마다 국민과 계약서를 쓰지는 않지만 그들은 국민을 대신해 국민으로부터 일을 위임받은 계약직이다. 국회의원은 계약직 중에서 환경이나 조건이 가장 좋은 직업 중 하나다. 어떤 사람들은 삶을 바쳐 그 계약직 인생이 되기 위해 노력하고, 어떤 사람들은 냉소적으로 바라본다.

그들은 불안하다. 당장 4년 뒤에 어떻게 될지 모르기 때문이다. 사람들로부터 듣는 이야기들은 모두 가식적인 것 같다. 주위에 믿을 사람이 없다. 인생과 세상은 불확실하고 모든 직업이 불확실성이라는 모래 위에 만들어진 성이지만 국회의원 직업은 더더욱 불확실하다. 그때그때 변하는 사람의 마음으로 이뤄진 사회, 불확실성 자체를 다루는 일이기 때문이다.

삶은 불확실성을 확실성으로 만드는 과정이다. 확실성이란 미래를 예측할 수 있다는 것이다. 어떤 사람은 미래를 너무 암울하게 예측해서 빨리 목숨을 끊거나 우울한 상태, 무기력한 상태로 살기도 한다. 어떤 사람은 어둠 속에서도 빛을 생각하며 활기차게 산다. 불확실성은 이중적이다. 불확실성을 극복하는 것은 불확실성이다. 힘든 하루하루를 살아가는 사람은 앞으로의 삶도, 내일의 삶도 오늘과 똑같을 수 없다는 불확실성, 변동가능성 때문에 하루를 살아간다. 무한 반복되는 삶을 산다면 인간은 질식해서 죽을 것이다. 불확실성의 세상에서 안정적으로 사는 방법은 불확실성을 받아들이는 길밖에 없다. 그렇지 않고 확실하다는 생각에 갇혀 있으면 삶은 서서히 혹은 갑자기 곧 주저앉고 만다. 대한민국 대통령 중에 확실성을 가장 강조한 대통령 임기 때가 가장 불확실한 시대였다. "확실히"라는 말을 즐겨 사용했던 김영삼 대통령 때 경제사회의 불확실성으로 인해 IMF가 터진 것은 아니러니 혹은 교훈이다.

국회의원은 불확실성을 극복하기 위해서 나름의 최선을 다한다. 그들 다수가 생각하는 불확실성을 해소하는 방법은 자신의 존재감을 널리 알리는 방법이다. 방송에 나오고, 여러 곳을 방문해 눈도장을 찍으며 자신의 존재감을 부각시킨다. 국회의원은 더 나은 사회를 위한, 더 많은 사람들이 더 나은 삶을 살아갈 수 있는 규칙을 만드는 일을 하는 사람이다. 4년 뒤 선거를 위해 그들의 존재감을 알리는 것은 그들의 일이 아니다. 하지만 국민의 눈에 비친 국회의원은 그들의 일을 하지 않는다. 직업적으로 해야 할 일, 제대로 된 길을 선택하지 않고 가장 쉬운 길을 선택한다. 대부분 그 길을 선택한다. 그 길은 '싸우는 길'이다. '비판의 길'이다. 누군가를 끝없이 비난하고 비판함으로서 자신의 존재감을 부각시키는 전술을 쓴다. 국회의원은 누군가를 비난하고 싸우고 자신의 의견을 피력하는 직업이 아니다. 가만 보면 미디어에 나와서 말을 잘하는 국회의원을 보면 똑똑하니 일을 잘하겠다고 생각하는 국민들이 있는데, 이는 큰 착각이다. 자신의 생각을 조리 있게 말하는 것과 자신과 생각이 다른 사람들과 의사소통하며 공동의 규칙을 만드는 것은 별개의 능력이기 때문이다.

국회의원의 일은 법이라고 부르는 규칙을 만드는 일이다. 세상은 여러 이해관계들이 맞물려 아슬아슬하게 돌아간다. 복잡한 이해관계의 상호작용으로 돌아가는 세상을 단순히 설명하면 우산장수와 짚신장수를 하는 두 아들을 둔 엄마 이야기와 같다. 엄마는 두 아들이 잘 되기를 바라지만, 비오는 날은 짚신장수 아들이 돈을 못벌고, 비오지 않는 날은 우산장수 아들이 돈을 못번다. 만약 규칙으로 날씨를 정할 수 있다면 우산장수는 매일 비가 오게 해야 한다고 우길 것이고, 짚신장수는 하루라도 비가

오는 날이 없어야 한다고 우길 것이다. 우산장수의 이익과 짚신 장수의 이익이 서로 부딪히는 상황에서 적절하게 날씨를 배분 하는 것이 규칙을 정하는 일이다.

국회의원의 일은 문제를 해결하는 일, 즉 대안을 제시하는 일이다. 대안을 제시하려면 양쪽 모두의 입장과 이해관계, 상호 작용에 대해 잘 이해해야 한다. 그러려면 공부가 필요하다. 자 신의 생각에 갇혀서 자신과 다른 생각, 다른 관점, 새로운 정보 를 적극적으로 받아들이지 않는다면 문제 해결의 첫 단계인 문 제 정의조차 할 수 없을 것이다. 많은 국회의원들은 문제를 정 의하지도 못해 쩔쩔맨다. 대부분 자신이 속한 정당의 입장만 앵 무새처럼 말하는 것이 전부다. 한 기업에서 일하는 구성원이 100명인데, 100명 모두 CEO와 똑같은 생각을 가지고 있다면 100명의 구성원은 필요 없다. 서로 다른 생각을 가지고 있어야 그때그때 발생하는 다양한 문제를 해결할 수 있다. 만약 똑같은 생각을 하는 구성원 혹은 시키는 일만 하는 구성원이 필요하다 면 로봇이나 인공지능에게 일을 시키거나, 필요할 때마다 알바 를 고용해 업무 매뉴얼을 건네주며 일을 시키면 된다.

어떤 국회의원들은 문제 해결을 한 번도 해보지 않은 사람 처럼 보인다. 문제란 생각의 차이다. 가치의 차이다. 이를 줄이 는 것이 정치의 일이다. 시작은 자신과 견해를 달리하는 사람들을 만나는 일이다. 만나는 척, 얘기하는 척이 아니라, 진짜로 만나고 이야기를 듣는 것이다. 사람은 본능적으로 듣는 척하는 사람과 실제로 듣는 사람을 잘 구분한다. 우리가 정치인들에게 등을 돌리는 이유는 바로 이것 때문이다. 그들은 듣는 척하지만 듣지 않는다. 작정하고 듣지 않는 경우도 있다. 최근의 정치는 아예 듣지 않기로 작정한 듯하다. 예전에는 그래도 자신과 생각과 신념이 다른 사람들을 만나 듣는 시늉이라도 했지만 요즘은 대놓고 무시, 비난, 혐오의 언어와 행동을 보여준다. 대다수 국민, 즉 유권자들은 안다. 그들이 똑똑해서가 아니다. 수만년 진화의 과정을 통해서 가장 잘 발달된 감각으로 느끼는 것이다. 논리적으로 증명할 수는 없다. 하지만 우리는 느낀다. 자리를 함께 가졌을 때 기분이 좋은 것, 나를 존중해주는 느낌, 뻔한 말을 하는 것이 아니다. 시선, 눈빛, 나에게 집중해주는 사람, 말로만 국민, 유권자를 외치지 않고, 그의 마음이 나를 향한다는 느낌, 그들의 마음이 국민을 향한다는 느낌, 그런 느낌을 주어야 한다.

이건 기술의 문제가 아니다. 언어의 문제가 아니다. 가장 상식적인 일이다. 그들도 처음에는 상식이 있는 사람이었다. 하지만 그들의 상식은 옅어졌다. 부모의 마음을 가져야 한다. 애먹이는 아이, 말을 듣지 않는 아이를 대하는 것, 꼴도 보기 싫고, 정말 싫지만 그래도 만나고 그래도 이야기를 들어보고 그래도 잘

하기를 빌어주고, 잘되도록 도와주고 믿어주는 그런 부모의 마음 말이다.

그런데 부모도 여러 유형이 있다. 카리스마를 가진 자기개발 강사처럼 폭풍 채찍을 휘두르는 것이 육아고 훈육이고 교육이라고 생각하는 사람들도 있다. 당장은 맞는 말 같다. 경쟁에서 이겨라. 이딴 노력으로 무엇을 할 것인가? 정신을 차려라. 유일한 것은 너희들의 노력이다. 세상 탓을 하지 마라. 그게 공정함이다. 네 인생에 책임을 져라. 잘되어도 네 탓, 못되어도 네 탓이다. 그게 어른다움이다. 이런 말을 들으면 아드레날린이 분비되며 동기부여가 되는 듯하다. 그럴듯하게 들리기 때문이다. 하지만 삶과 세상은 그리 단순하지 않다.

해도 해도 안 된다는 것을 깨달은 사람, 그럼에도 해야 할 이유를 찾아나가는 사람, 남이라 생각하지만 잘되기를 빌어주는 마음을 가진 사람, 나의 삶과 자식의 삶은 무관하다는 것을 깨달은 부모, 가장 마음에 들지 않는 일을 하더라도 그것을 통해서 잘되길 빌어주는 부모, 내 생각과 다른 것을 용인하는 부모의 마음을 가진 사람만이 정치를 잘할 수 있다. 정치는 이게 맞고, 저게 틀렸고의 문제가 아니다. 이것도 맞고 저것도 맞지만 선택은 하나밖에 할 수 없고, 그런 선택을 위해서는 너도 양보하고 나도 양보해야 한다는 그런 철칙을 가지고 있는 사람들이 정치를 해야 한다.

자신의 신념을 무조건 내세우는 정치는 위험하다. 정치인이 지녀야 할 신념이 하나가 있다면 그것은 내 생각은 언제든 틀릴 수 있으니, 열린 자세로 언제나 배우겠다는 마음이다. 학습능력이 없는 국회의원들이 득세하는 나라의 국민이 행복할 수는 없다. 한 나라의 불행, 암울하거나 희망적인 미래는 그 나라 정치인들의 학습능력이다. 여기서 말하는 학습능력은 공부를 잘해서 일등이 되어라, 말을 가장 잘하는 사람이 되어라가 아니다. 배우는 사람이 되어야 한다. 배우는 과정이 곧 정치인의 일이다. 그렇지 않고 고정된 상태로 지난 생각을 미래에 적용시키는 정치인이 판을 치는 나라는 암울하다.

　최근 많은 사람들이 정치가 실종되었다는 말을 한다. 정치의 시작은 나와 신념, 생각이 다른 사람과 마주 앉아 이야기를 나누는 일이다. 더 많은 사람이 더 나은 삶을 살아갈 수 있는 사회를 만들겠다는 공동의 목표만 있다면 그 누구와도 대화할 수 있는 사람이 정치를 해야 한다. 정치가 실종되었다는 말은 자신과 다른 사람과 대화하지 않는다는 뜻이다. 이유는 하나다. 내 생각이 옳다고 생각하기 때문이다. 자신의 생각이 옳다고 여기는 사람을 '꼰대'라 부른다. 대한민국 사회에서 정치가 실종된 이유는 둘 중 하나다. 꼰대가 판을 치거나, 더 나은 사회를 만들려는 목표가 아예 없거나.

타인을 위한 자기개발

　국회의원은 문제를 해결하는 사람이다. 정확히 말하면 자신이 문제를 해결하는 것이 아니라, 문제를 해결할 수 있는 조건을 만드는 사람이다. 문제를 해결하는 조건을 규칙이라고 한다. 삶이 거대하고 복잡한 게임이라면 게임의 룰을 만드는 일이 국회의원의 일이다. 이를 입법이라고 한다. 국정조사나 청문회 등에서 장관, 국회의원, 책임자, 실무자 등이 나와서 여러 사안에 대한 이야기를 주고받을 때 각자 주장의 근거는 각자의 생각과 상식이 아니라, 법으로 통칭될 수 있는 문서로 정리된 각종 규칙들이다. 그런 규칙들을 컴퓨터 속 폴더라고 하면 최상위 폴더에는 헌법이, 그 다음에는 법률이 그 다음에는 시행령, 시행규칙 등의 순서로 우선순위가 만들어진다.

　국회의원은 주로 법률과 헌법을 다룬다. 국회의원의 일은 현재의 법 조항이 현실 세계를 잘 반영하고 있는지, 현실의 문제를 풀어나가기 위해 보완되거나, 폐지되거나, 신설되어야 할 규칙들은 없는지를 꼼꼼하게 살피는 일이다. 하나의 사안은 언제나 여러 계층의 복합적 사안과 연결되어 있다. 여러 이해관계들이 얽히고설켜 있다. 그래서 다양한 입장, 다양한 관점, 다양한 가치로 접근하는 여러 생각들을 수용해야 문제를 파악할 수 있다.

문제가 파악되면 그 다음은 문제를 정의해야 한다. 다양한 정보를 수집하며 다양한 사람들을 만나는 이유는 문제를 제대로 정의하기 위한 사전 작업이다. 예컨대 4대강 사업은 환경적 측면, 생태환경의 지속가능한 유지 관점에서 볼 것인지, 토건업자와 국내건설경기 부양의 관점으로 볼 것인지, 어떤 관점에서 접근하는 것이 더 나은 사회를 만드는데 도움이 되는지 판단하는 과정이다. 또한 대규모 예산이 들어가는 경우 예비타당성 조사의 절차를 거친다. 큰 예산을 들여 사업을 진행했을 때 예상되는 실질적 이익이 무엇인지를 예측하는 과정이다. 이 모든 과정에서 특수한 이해관계, 편향에 빠진 의사결정, 다른 의견에 대한 열린 태도, 학습능력의 부족 등이 발생하면 문제를 분석하는 첫 단계부터 문제가 생긴다.

규칙을 만드는 일, 즉 입법 행위를 하는 국회의원이 가장 조심해야 할 것은 '자아비대증'이다. 국회의원은 도로가에서 뒤뚱 뒤뚱 걷는 2살 아이를 바라보듯 자신을 바라봐야 한다. 자신의 자아가 강해지거나 커지지 않도록 성찰적으로 바라봐야 한다.

그렇게 하지 않으면 언제나 같은 소리만 반복하는 ARS같은 존재가 되어 문제 해결은커녕 문제도 정의하지 못하게 된다. 문제 해결의 시작은 자신과 다른 존재, 다른 생각, 다른 신념을 가진 사람과 마주 앉아 진솔하고 진지하게 대화를 나누며 자신을 성찰적으로 보는 것이다. 나는 맞고 너는 틀렸다는 생각으로는 문제가 해결될 수 없다. 문제 해결이란 서로 생각이 다른 두 영역의 교집합을 찾아내는 것인데, 교집합을 찾으려면 더 나은 사회를 만들겠다는 진실된 마음으로 대화를 나누어야 한다.

자아비대증이 있는 사람은 이런 대화에 익숙하지 않다. 나와 생각이 같으면 우리 편, 다르면 적이라 여긴다. 유치원생보다 못한 자기중심적 태도로 정치를 하면 안 된다. 최근 모든 세대를 통틀어 자아비대증에 시달리는 사람들이 늘어나는 듯하다. 삶은 문제의 연속이며, 자아비대증은 문제 해결의 가장 큰 적이다. 개인이 어떤 생각으로 어떤 삶을 살지는 개인의 자유지만, 입법에 관여하는 국회의원만은 자아가 비대해지면 안 된다. 혼자만의 문제, 욕만 듣고 끝날 문제가 아니라, 사회 전체에 악영향을 미치기 때문이다.

자아비대증에 걸린 사람이 정치를 하면 안 된다. 정치란 타인의 목소리를 듣고, 타인을 위해 일하는 것이기 때문이다. 국회의원은 봉사활동가가 아니다. 시장에 가서 어묵을 먹고, 길거리에서 악수하는 사람이 아니다. 언론에 나와서 자신의 의견을 피력하는 사람이 아니다. 정적을 비난하고 자신이 속한 정당을 두둔하는 사람이 아니다. 그건 마치 시민단체가 스스로의 이익만을 위해 활동하는 것과 같다. 환경단체는 환경문제를 해결하거나 대안을 제시하거나, 문제를 제기하거나 환경문제 해결을 위해서 노력하는 것이 그들이 일이지, 회원을 늘려서 수익을 마련하기 위해, 즉 자신의 조직을 유지하는 것이 그들의 목적이 되어서는 안 된다.

정당의 목적은 정당의 유지와 확대가 아니다. 좋은 입법을 하는 것이다. 좋은 입법이란 더 많은 사람들이 더 잘 살 수 있는 규칙을 만드는 일이다. 국회의원은 그들의 일에 집중해야 한다. 본연의 일, 더 많은 사람들에게 도움 되는 법을 만드는 일, 그런 법이 어떤 것일지, 어떤 내용의 법을 만들어야 되는지 검토하고 연구하고 그 과정에서 수많은 다양한 사람들의 의견을 듣고, 전문가의 의견을 청취하고 입법조사처의 자료를 검토하며 입법 행위를 하는 것이 그들의 일이다.

자신과 의견을 달리하는 사람들과 싸우고 있다면 그 진실된 이유가 무엇인지 스스로 먼저 돌아봐야 한다. 정치가 무엇인지, 그들 직업의 본질이 무엇인지 알아야 한다. 정치의 목적은 타인을 돕는 것이다. 더 많은 사람들을 도와 그들의 삶이 나아지도록 만드는 일이다. 나의 이익, 혹은 내가 속한 정당의 힘이 강해지도록 만드는 것이 아니다. 내가 속한 정당의 힘이 세어져야 그때 비로소 일을 제대로 할 수 있는 것이 아니다. 일을 제대로 하는 정치인이 많아지면 그런 정치인이 속한 정당의 힘은 세어지는 것이다.

자기개발의 시대다. 너나 할 것 없이 모두의 삶에 자기개발의 열풍이 분다. 스스로 자기개발을 하지 않으면 삶을 제대로 살 수 없다는 불안감이 점점 커지고 있다. 공교육이 붕괴했으니 각자 스스로를 교육해야 한다. 모든 것이 자기개발과 연결된다. 열심히 일한 뒤 떠나는 여행에도 자기개발이란 단어가 따라다닌다. 나를 찾는 여행, 뭔가 근사해 보인다. 일상과 자아에서 벗어나 재충전을 하며 힐링해야 할 여행도 자기개발의 변주일 뿐이다. 자기개발이 나쁜 건 아니다. 하지만 나만을 위한 자기개발은 자아과잉으로 연결되기 마련이다. 내가 비대해져 세상을 다 가진 기분이 들었을 때, 이만하면 되었다 싶어 고개를 들어 바깥을 쳐다보니 황량한 풍경만 남았다면 그런 사회 속에서 살아가기 위해 또 자기개발을 해야 할 것이다. 세상은 경쟁의 전쟁터니 싸우고 이기기 위한 자기개발을 할 것이 아니라, 그 전쟁을 멈추고 나은 세상을 만들기 위한 자기개발을 해야 할 것이다. 그래야만 내가 좀 부족해도 좀 더 나아진 세상 속에서 재밌게 살 수 있을 것이다.

완벽한 사람이 되어 어떤 경쟁에서도 이겨내기 위해 화성에서 자기개발만 하며 사는 것보다 모두가 부족한 존재라는 걸 인정하며 지구에서 부대끼며 남을 도와주는 게 더 낫다. 무엇보다 국회의원은 겸손한 마음으로 자신을 내려놓고 타인을 도우려는 사람이어야 한다. 그래야 좀 더 나은 세상을 위한 좋은 규칙들을 만들어낼 수 있기 때문이다. 도심의 아파트처럼 뇌를 점령한 자기중심적 자아는 여행을 한다고 나아지지 않는다. 나를 찾기만 하면 삶이 잘 될 것 같은 착각에 빠지면 안 된다. 삶은 나와 세상을 연결하는 일이다. 내가 빠지면 안 되겠지만, 세상도 빠지면 안 된다. 타자인 세상은 나보다 더 중요할지 모른다. 고립은 해결 방법이 아니다. 고립의 자기개발이 되면 안 된다. 나도 세상도 더 피곤해지는 길이다. 자신만을 위한 자신이 속한 집단만을 위한 자기개발의 끝은 공허함이다. 공허한 시대에 새로운 규칙을 만들 국회의원들에게 필요한 것은 나를 위한 자기개발이 아니라, 타인을 위한 자기개발이다. 그래야 자아비대증이라는 질병을 치료할 수 있다.

국회의원은 권력이 없다

권력과 권리는 비슷한 말 같지만, 뜻이 조금 다르다. 권리는 어떤 일을 행하거나 타인에 대하여 당연히 요구할 수 있는 힘이나 자격이다. 권력은 남을 복종시키거나 지배할 수 있는 공인된 권리와 힘이다. 간단히 구분하면 권력은 무언가를 지배할 수 있는 힘이고, 권리는 무언가를 요구할 수 있는 자격이다.

대한민국 헌법에는 권력과 권리라는 말이 나온다. 여기서 잠깐 퀴즈, 헌법에 권력이라는 말이 몇 번 나올까? 단 한 번 나온다. 모두가 알고 있는 유명한 문장, '모든 권력은 국민으로부터 나온다.'에서 딱 한 번 권력이라는 말이 나온다. 헌법상 국민만 권력을 가지고 있다는 뜻이다. 모든 국민이 헌법에서 명시한 권력을 특정한 방법으로 행사하는 것은 현실적으로 불가능하다. 그래서 국민의 권력을 누군가에게 위임을 한다. 그 위임된 조직을 정권이라고 부른다. 정권은 폭주하지 않게 서로 견제와 균형을 할 수 있도록 세 영역으로 나누었다. 그것이 입법권, 행정권,

사법권이다. 정권의 우두머리인(늑대 사회의 리더, 로보를 떠올리는 의미에서 우두머리라는 단어를 사용했다.) 대통령도, 사법부 수장인 대법원장도 입법부의 수장인 국회의장도 모두 국민이 가진 권한으로 임명된 국민의 대리인이다. 권력을 가진 국민이 직접 정치를 하는 것보다는 국민이 위임한 대리인들이 정치를 하는 것이 더 나으리라는 생각에서 만들어진 제도다. 그래서 대의민주주의라고 부른다.

대의라는 말에는 국민의 뜻을 대신한다는 의미보다 더 중요한 것이 있다. 국민이 가진 권력을 특정인에게 위임했다는 뜻이다. 그래서 국민의 심부름꾼이라는 말이 성립하는 것이다. 문제는 권력을 위임받는 대리인이 도리어 권력이 자신으로부터 나온 양 주인 행세를 하는 것이다. 헌법에서는 행정권, 사법권, 입법권이라는 단어를 쓰지 행정권력, 사법권력, 입법권력이라는 말을 쓰지 않는다. 헌법상 권력은 오직 국민에게만 있기 때문이다. 사전적 의미대로 해석하면 오직 국민만 행정부, 사법부, 입법부를 지배할 수 있고, 그 어떤 정권도 국민을 지배할 수 없다는 뜻이다. 정권은 오직 국민을 대신해서 국민을 위한 일이라고 판단되면 무언가를 요구할 수 있는 자격이 있을 뿐이다.

내가 일했던 국회 입법조사처의 주된 일은 입법 검토에 필요한 적절한 자료를 국회에 보내는 것이다. 국회의원은 조사처에서 보낸 자료를 바탕으로 입법 여부를 검토하고 결정한다. 국회의원이 모든 영역의 전문 지식과 문제를 해결할 수 있는 능력을 갖출 수는 없다. 그래서 각 영역의 전문가들로 구성된 입법조사처에서 객관적이고 검증된 자료를 수집, 분석, 검토해서 의견과 함께 국회로 보내는 것이다.

　입법조사처의 일은 국회의원이 좋은 입법 행위를 할 수 있도록 그들의 일을 돕는 것이다. 입법조사처에서 필요한 자료가 있으면 대한민국의 모든 기관에 해당 자료를 요구할 수 있다. 그때 각 기관은 사실에 기반한 검증된 자료를 입법조사처에 제출할 의무가 있다. 그래야 제대로된 입법이 가능하기 때문이다. 이때 입법조사처가 모든 기관에 특정 자료를 요구할 '권력'이 있다고 표현하지 않는다. 자료 요구의 자격, 즉 권리가 있는 것이다. 입법부, 사법부, 행정부도 마찬가지다. 입법부는 법을 개정하고 새로 만들 권력이 있는 것이 아니다. 행정부는 소관 부처를 지휘하고 군대를 동원할 권력이 있는 것이 아니다. 사법부는 법집행을 통해 범법자를 처벌할 권력이 있는 것이 아니다. 입법조사처에서 일하는 사람이 나는 어떤 곳에도 자료를 요구할 권력을 가지고 있다고 말하면 정말 잘못된 생각인 것처럼, 대통령, 장관, 각 부처의 수장이 스스로 권력을 가졌다고 생각하면 안 된다. 그건 위험한 생각이다. 권력은 오직 국민에게 있기 때문이다. 국민의 권력을 통해 잠시 위임한 대리인일 뿐이다.

헌법 40조를 보면 입법권력이 아니라 '입법권'이라고 되어 있다. 앞서 말했듯 헌법상 국민만 권력을 갖고 있다는 뜻이다. 그리고 국민이 가진 권력을 입법권, 사법권, 행정권으로 나눠서 위임하고 그중 하나인 입법권을 국회에 맡긴 것이다. 사법권은 법원, 행정권은 행정부에다 맡긴 것이다. "입법권은 국회에 속한다."라고 할 때 입법권 앞에 따로 수식하는 말이 없어도 입법권은 국민으로부터 나와서 국회로 간 것이라는 뜻이다. 사법권, 행정권도 마찬가지다. 요즘 법원 판결에 문제를 제기하고 비판하는 국민들이 많은데, 비판하는 국민들을 향해 왜 국민이 법원 판결에 왈가왈부하느냐고 하면 이렇게 말해야 한다. "너희가 갖고 있는 사법권은 원래 국민으로부터 나온 거야. 우리가 맡긴 것이지 원래 너희 게 아니야."라고. 사실 국민이 모든 권력에 대해서 비판하고 감시하고 평가할 수 있어야 한다. 그게 대한민국의 헌법 정신이다. 대한민국 국민은 헌법 정신에 맞춰 살아야 한다. 그게 국민의 의무이자 권리다. 헌법이 부여한 권력을 스스로 포기하고 길 잃고 방황하는 게스트가 되면 안 된다. 국민이 호스트다. 자신이 권력을 가진 것처럼 생각하고 행동하는 국회의원은 결국 처벌받을 수밖에 없다.

국회의원은 권력이 없다. 국민을 위해 일을 할 수 있는 권리만 있을 뿐이다. 만약 권력을 가지고 싶은 국회의원이 있다면 평범한 국민으로 돌아가야 한다. 불특정 다수 중의 한 명인 평범한 국민이 되어야 비로소 헌법상 보장하는 권력을 가질 수 있기 때문이다. 따라서 권력욕이 있는 사람이 국회의원이 되거나, 정치를 한다는 말은 전제부터가 틀린 잘못된 생각이다. 헌법에 위배되기 때문이다.

'평범한 사람들'의 대리인

　헌법상 권력을 가진 국민이 위임한 대리인이 정치를 하는 것이니, 평범한 국민 중 한 명이 국회의원이 된다는 것은 당연한 논리다. 문제는 평범함이다. 평범함은 다수성이다. 평범한 국민 다수를 대표할 수 있는 사람이 대리인으로서의 자격이 있다. 다수 국민의 평범성을 대표하지 않는다면 대의민주주의라는 단어는 뜨거운 아이스 아메리카노 같은 단어가 된다.

　최근 들어 옆집 아저씨, 아주머니가 대통령이 되어도 이보다는 잘하겠다는 말을 많이 듣는다. 평범성에 대한 문제의식 때문에 하는 말이다. 정치가 실종되고 사회 이곳저곳에서 자신이 배인지, 자동차인지도 모르고, 산으로 갔다가, 바다로 갔다가를 반복하는 이유는 평범한 국민이 정치를 하는 것이 아니라, 특별한 사람들이 정치를 하기 때문일지 모른다. 예를 들면 서울대를 나온 판검사 출신들 말이다. 그런 사람들은 5천만 명 국민 중에 극히 일부다. 법으로 정하는 검사와 판사의 정원이 있다. 2023

년 1월 기준으로 현직 검사는 2,138명, 2020년 연말 기준으로 현직 판사는 3,036명이다. 검사와 판사의 숫자를 합치면 약 5천 명이다. 대한민국의 인구 5천만 명 중에 판검사의 비율은 0.01%다.

대한민국 국민은 다양하다. 그 중 0.01%에 속한 집단에게 국가의 운영을 맡기는 것이 과연 대의민주주의제도라는 관점에서 볼 때 합리적인지 잘 생각해야 한다. 입법은 법을 만드는 일이니 법에 해박해야 입법 행위를 잘 할 수 있다고 생각하는 것은 하나는 알고 둘을 모르는 소리다. 중요한 것은 두 번째다. 입법의 목적은 다수 국민의 생각과 가치를 반영해서 다수 국민들이 더 잘 살 수 있는 사회를 만들기 위해서다.

0.01%에 속해서 다수 국민들의 삶을 잘 이해하지 못하는 사람들은 다수 국민의 입장을 이해할 수 있도록 학습해야 한다. 힘든 일이다. 때로는 평범한 국민들 중 한 명으로 빙의를 해야 한다. 그래야 평범한 국민들이 느끼고 생각하는 것에 대해 공감하고 이해할 수 있다. 평생 살아온 방식을 포기하고 낯선 사람의 입장이 되어서 그들처럼 느끼고 생각하는 것은 전문 배우라도 힘들다. 그래서 정치인들에게 정치는 힘들고, 점점 극한직업이 되어간다. 애초부터 국민 다수를 대변할 수 있는 평범한 국민 중 한 명이 정치를 하면 평소 그들이 믿고 생각하고 행동하는 대로

정치를 하면 된다. 얼마나 쉽고 간단한가? 다수의 평범한 사람들이 정치의 주체가 되어야 한다는 것은 헌법 정신이기도 하다.

민주주의 원조 도시 고대 아테네에서는 추첨제가 도입되었다. 최고 의결기구인 민회, 사업기관인 시민법정, 행정관을 추첨으로 뽑았다. 미국의 사법시스템은 배심원제이다. 배심원은 추첨으로 무작위로 선정된다. 다수 평범성을 대표할 수 있는 국민 중 한 사람이면 누구나 입법, 행정, 사법부의 일을 할 수 있다는 발상이 민주적인지, 0.01% 특별한 소수가 아니면 정치를 할 수 없다는 발상이 민주적인지 생각해 볼 일이다. 물론 추첨제는 추첨제대로 여러 문제들이 있겠지만, 말도 안 되는 소리라고 일축하기에는 시사하는 바가 크다. 무엇보다 그 기저에는 특별한 사람들이 정치를 한다는 편향적 사고가 자리 잡고 있다. 좋은 정치는 평범한 사람들이 평범한 사람들을 위해서 하는 것이다.

사회학자 막스 베버(Max Weber)의 이론을 관통하는 대표 키워드는 '주술로부터의 해방'과 '합리화'라고 일본의 사회학자 요시이 히로아키(Hiroaki Yoshii)는 말한다. 그의 책 《일상적인 것이 가장 정치적인 것이다》에서 주술이 무엇인지 다음과 같이 말한다.

"주술이 무엇일까? 근대 이전의 사회를 예로 들어보자. 중국 고대 왕조에서는 점술가들이 거북의 등딱지를 불에 태워서 생긴 균열의 모양을 보고 점을 쳤다. 그들의 점술은 정치나 이민족과의 전쟁에 커다란 영향을 미쳤다. 하지만 왜 그런 점괘가 나왔는지는 점술가 본인만 알았다. 점술은 신기하고 초월적인 행위인 만큼 비합리적이었다. 그런데도 당시에는 정치 권력자부터 시정잡배에 이르기까지 모두가 그러한 행위를 한 치의 의심 없이 신봉했고, 자신들의 운명을 좌지우지할 중요한 길라잡이로 받아들였다. 사회가 근대로 옮아갈 무렵에야 사람들은 주술의 지배에서 해방되었다. 사회 곳곳에서 합리화의 분위기가 나타난 것이다. 베버는 합리적 통치 시스템의 대표적인 예로 관료제를 들고, 분석했다. 관료제는 지금도 효율적인 시스템으로서 통치 체제와 기업 조직을 유지하는 데 활용된다.

베버는 '주술로부터의 해방'과 '합리화'를 통해 대체 무엇을 말하려 했을까? 당시는 바야흐로 산업혁명 등에 의해 공업화, 산업화가 급속히 이루어지고, 사람들의 일상에 커다란 변화가 일어나고 있었다. 베버는 그 속에서 타인과 함께 살아가는 주체로서의 인간이 어떻게 하면 이치에 맞는 존재가 되는지, 왜 이치에 맞는 행위를 해야 하는지를 규정했다. 근대라는 사회를 살아가는 인간이 좋건 싫건 반드시 직면하게 되는 문제를 지적한 것이다."

주술에서 벗어나려면 이치를 생각하고 이치에 맞는 것이 무엇이며, 이치에 맞는 행위를 해야 한다. 예를 들면, 국민을 대리해 국민을 위한 사회적 규칙을 만들 국회의원을 뽑을 때는 다수 국민의 평범성을 지닌 사람을 선택하는 것이 이치에 맞다. 다수 국민들 중 한 명이야말로 다수 국민을 대표할 수 있기 때문이다.

투표를 할 때 대의민주주의에서 가장 중요한 요소인 평범성을 팽개치고 특별한 사람을 선택하면 안 된다. 특별한 누군가가 짠하고 나타나서 한 번에 뭔가를 바꿀 거라는 허망한 바람이 한국 정치라는 배를 자꾸만 산으로 가게 만드는 원인이다. 서울대 출신이니 국민을 위해 일을 잘하겠지, 판검사 출신이니 법을 잘 알아서 국민을 위한 정치를 하겠지, 공부를 잘했으니, 돈을 많이 번 사업가니, 똑똑한 머리를 지녔으니 국민을 위한 정치를 잘 하겠지라고 생각하는 것은 현대의 주술이다. 근거도, 논리도, 합리성도 없는 주술에서 하루 빨리 벗어나야 한다.

정치는 평범한 사람들이 평범한 사람들을 위해서 더 나은 사회를 만들겠다는 공적이고 선한 의도를 좋은 규칙을 통해 실현하는 과정이다. 평범성이 시작과 끝이다. 평범성은 민주주의의 핵심, 사람으로 치면 코어 근육이다. 코어가 무너지면 아무리 여기저기에 근육이 많아도 제대로 걷기조차 힘들다.

타인으로부터 시작되는 확장

살다 보면 이름을 바꾸고 싶을 때가 있다. 삶이 잘 풀리지 않을 때 개명을 생각하기도 한다. 삶이 잘 풀려도 이름이 마음에 들지 않을 때, 이름을 바꿔야 할 나름의 이유가 있으면 개명 신청을 한다. 대법원 전자가족등록시스템 통계에 따르면, 2002년에는 4만여 명이 이름을 바꾸었고, 2022년에는 11만여 명이 이름을 바꾸었다. 합리적 이유 없이 개명 신청을 하는 경우도 있고, 방귀남, 방귀녀, 임신중, 설사국, 우동국, 변태랑처럼 누가 들어도 납득할 이유가 있어 개명 신청을 하기도 한다. 최근 들어 개명 허가율은 90%를 웃돈다. 개인의 행복추구권을 중요하게 여겨 원칙적으로 개명을 허용하기 때문이다. 행복해지고 싶은 마음이 개명의 이유다.

한국 사회는 각종 이름이 바뀐다. 주소 명도 새로 바뀌었고, 정부의 부처 이름도 자주 바뀐다. 문화공보부, 문화부, 문화체육부, 문화관광부, 문화체육관광부 등으로 이름이 자주 바뀌다 보니 각자 기억하는 대로 말한다. 문화부, 문광부, 문체부 등으로 말하면 너도나도 대충 알아듣는다. 변화에 발 빠르게 대응해야 하는 기업이 그렇듯 정부도 변하는 국제 정세, 트랜드에 맞게 부처 조직개편을 하고 이름을 바꿀 필요는 있다. 하지만 꼭 필요해서가 아니라 뭔가 새롭게 보이려고 이름만 자꾸 바꾸는 듯한 느낌도 든다. 정당 이름이 대표적이다. 광복 이후 보수와 진보를 대표하는 두 정당의 이름은 각각 대략 18번 전후 바뀌었다. 대표로 보수 정당을 살펴보면 널리 알려진 이름만 10개가 넘는다. 대중들이 기억하는 이름만 봐도 자유당, 민주공화당, 민주정의당, 민주자유당, 신한국당, 한나라당, 새누리당, 자유한국당, 미래통합당, 국민의 힘 등이 있다. 사람으로 치면 태어나서 80세 노인이 될 때까지 이름을 18번 바꾼 것이다. 삶이 잘 안 풀리면 새롭게 시작하는 의미에서 이름을 바꾸듯, 정치가 잘 풀리지 않으면 정당의 이름을 바꿀 수 있다. 하지만 이쯤 되면 과하다 싶다. 보수당만의 문제가 아니다. 모두 똑같다. 그동안 거쳐 온 이름이 하도 많으니 현재의 이름도 그리 중요하지 않다. 뭐 또 바꿀 거니까 이름이 무엇이든 별 상관하지 않는다. 이름이 중요해서 이름을 바꾸었는데, 결과적으로 이름 따위는 중요하지 않게 된 것이다. 한 친구가 이름을 벌써 13번째 바꾸었는데, 오늘 또 연락이 와서 들뜬 목소리로 새로 개명한 이름을 알려준다고 하면 내년쯤 또 이름을 바꿀텐데 하면서 별로 귀담아 들을 것 같지 않다. 그리고 친구들은 그 전의 이름, 그 전전의 이름, 그 전전전의 이름이 입에 익어 여러 이름을 부를 것이다. 대한민국 정당의 이름이 딱 그런 꼴이다.

한 자리에서 오랫동안 음식 장사를 하고 있는 식당이 있는데, 매년 한 번씩 새로운 이름을 지어서 신장개업을 하지만 여전히 불친절하고 여전히 음식 맛이 형편없는 것과 같다. 내용은 일관되게 변하지 않는데, 간판만 계속 바뀌는 식당은 처음에는 안쓰럽다가 나중에는 짜증이 나는 법이다. 과유불급, 지나치면 모자란 것만 못하다 했는데, 지금 상황이 그렇다. 그럼에도 불구하고 딱 이번만 마지막으로 진짜 멋진 이름으로 정당명을 바꾸고 싶어 고민하는 사람들도 많이 있을 것이다. 정당 이름은 최대 7번까지만 바꿀 수 있는 법이라도 있었으면 하지만, 아무 의미 없는 생각이다. 개인의 행복추구권처럼 정당도 이름을 바꾸어 더 행복해지고 싶다는데 자유민주주의 국가에서 막을 방법이 없다. 미국의 민주당은 184년, 공화당은 160년째 이름이 바뀌지 않았다. 영국의 보수당은 182년, 노동당은 108년의 역사다. 독일의 사민당은 135년, 이웃 나라 일본의 자민당도 59년째 같은 이름이다. 다른 나라들을 보면 한국은 유독 이름 바꾸기를 좋아하는 것 같다.

조건을 바꾸면 잘 될 거라 생각하는 것은 대체로 잘못된 생각이다. 책상을 바꾸면 공부를 더 열심히 할 것 같고, 카메라를 바꾸면 더 멋진 사진을 찍을 것 같고, 헬스장을 바꾸면 더 운동을 열심히 할 것 같은 믿음이 얼마나 부질없는지 해 본 사람은 안다. 물론 조건을 바꾸어서 극적인 변화를 이끌어낸 사례도 있지만, 변화를 불러오는 변수는 단수가 아니라 복수라는 걸 잊으면 안 된다.

대표적 착각 중에 하나가 대통령이 바뀌면 모든 것이 바뀔 거라는 착각이다. 알다시피 대한민국은 법치주의 국가라 사회를 움직이는 규칙, 즉 법을 바꾸어야 사회가 변한다. 그래서 국회의원 선거가 중요한 것이다. 법을 바꿀 때도 균형 잡힌 시각과 깊은 고민으로 멀리 봐야 한다. 하지만 한국 사회, 특히 공직 사회는 당장 눈에 보이는 성과를 좋아하는 경향이 있어, 장기적인 것은 별로 좋아하지 않는다. 자신이 일하는 동안, 자신의 임기 동안 뭔가를 보여주고 싶은 마음에 당장 눈에 보이는 뭔가를 원한다. 하지만 새로운 시도는 꺼린다. 성과는 보여주고 싶고, 리스크는 피하고 싶고, 시간이 걸리는 것도 싫으니 재탕 삼탕 비슷비슷한 것들을 복사해서 이름과 소개만 살짝살짝 바꾼다. 깊이 들여다보면 다 비슷비슷하다. 예컨대 교육 개혁은 패러다임을 바꾸어야 가능한 일인데 아무도 그런 일은 하지 않는다. 방법은 있다. 국회의원은 어떤 정당에 속해 있더라도 한 명 한 명이 독립적 헌법기관이라는 개념을 실제로 행동에 옮기는 것이다. 국회의원 한 명 한 명이 치열하게 고민하고 뜻맞는 의원들과 연대해서 사회를 멋지게 바꿀 수 있는 좋은 법들을 만들어내는 것이다. 그것이 국회의원 본연의 일이고 직업적 책임을 충실하게 다하는 것이다. 말도 안 되는 소리지만, 국회의원들은 특정 정당의 소속 없이 모두 프리랜서로 활동하게 하면 어떤 일이 벌어질까 궁금하다. 아마도 지금보다는 제대로 된 입법 활동에 충실하지 않을까 싶다.

막스 베버는 그의 책 《직업으로서의 정치》에서 정치인의 자질을 열정, 책임, 균형감각의 세 가지로 요약했다. 《왜 대통령은 실패하는가》에서 김종인은 정치인의 '균형감각'과 '정직성'의 중요성을 다음과 같이 말한다.

"균형감각은 독일어 원문으로 아우겐마스(Augenmaß)에 해당한다. 그런데 이 아우겐마스를 균형감각이라 번역하면 의미를 완전히 전달했다고 말하기 어렵다. 아우겐마스에는 판단 능력이나 지혜 같은 의미가 복합적으로 담겨 있기 때문이다. 의역하자면 '안목' 혹은 '통찰력'에 가깝다. 사물과 현상의 본질을 꿰뚫어 보는 능력 말이다. 본질을 제대로 파악하면서, 어느 한쪽으로 치우치지 않는다는 뜻을 동시에 담고 있다. 어떤 상황에서도 흔들리지 않는 굳건함의 의미 또한 포함한다. 꽤 괜찮은 개념어다. 개인적으로 '정치인의 자질'을 꼽으라면, 막스 베버가 말한 것에 '정직성'을 더하고 싶다. 특히 대통령의 자격으로 나는 '정직성'을 최우선으로 꼽는다. 내가 말하는 정직이란 영어로 인테그리티(integrity)에 해당하는데, '인테그리티하다'는 표현 또한 '정직하다'는 번역으로는 의미를 온전히 담지 못한다. 인테그리티는 단순히 '솔직하다'는 뜻을 넘어 말과 행동의 일치, 겸손, 일관성 등을 포함하기 때문이다. 일관성 있고 솔직한 정치인을 찾기 어렵다. 역사와 국민 앞에 겸손하고 솔직한 대통령이 드물다."

국회의원이든 대통령이든 정치를 하는 사람은 직업적 소명의식이 필요하다. 나는 왜 이 일을 하는지, 내가 하는 일이 세상에 어떤 의미가 있고, 그것은 다시 내게 어떤 의미가 있는지를 알아야 한다. 정치인은 일의 이유가 자신으로 시작되어 타인으로 확장되면 안 된다. 타인으로부터 시작되어 자신으로 확장되어야 한다. 먼저 타인에게 도움을 주는 행위가 자신에게 어떤 의미가 있는지를 알아야 한다는 뜻이다.

정치인의 시선은 자신이 아니라 타인을 향해 머물러야 한다.

자신의 이해가 담긴 가식이나 포장이 아니라, 타인의 나은 삶을 위하는 진심이 담겨야 한다. 진심은 통하는 법이다. 진심을 담아 대중을 위해 일한다면 정체성이 자주 바뀌는 정당에 속해 진심을 숨기며 사는 것보다 훨씬 나은 삶이 될 것이다.

04

규칙의 품격

차별 없는 감사와 존중

　《여인의 향기》는《대부》에서 열연했던 알 파치노가 시력을 잃은 성질머리 더러운 퇴역 장교로 나오는 영화다. 1993년에 개봉해서 세계적 돌풍을 일으킨 여인의 향기를 대표하는 장면이 있다. 주인공 프랭크(알 파치노)가 뉴욕을 한 호텔에서 처음 만난 아름다운 여인에게 다가가 탱고에 대해 이야기하고 함께 춤을 추는 장면이다. 이때 주고받는 대화는 대략 다음과 같다.

　　탱고 배우고 싶나요?

　　지금요?

　　공짜로 가르쳐 주죠.

　　조금 걱정이 되요.

　　뭐가요?

　　제가 실수를 할까봐서요.

　　탱고에는 실수라는 것이 없어요.

탱고는 인생과 달리 간단해요.

탱고는 정말 멋진 거예요.

탱고를 추다 실수를 하면 스텝이 엉키죠. 하지만 그대로 추면
돼요.

그게 탱고니까요.

인생은 탱고보다 훨씬 복잡하고 어렵지만, 실수해도 계속 탱
고를 추듯 삶의 좌절에도 포기하지 말고 계속 인생을 살아야 한
다는 말과 겹쳐져 유명해진 대사. 길이길이 남을 멋진 대사와
함께 탱고를 잘 모르는 사람들도 탱고의 매력에 흠뻑 빠지게 만
드는 이 유명한 장면이 촬영된 곳은 뉴욕의 피에르 호텔이다. 정
확하게는 피에르 타즈(The pierre A Taj Hotel) 호텔이다.

피에르 호텔은 1930년에 문을 연 후 지금까지 뉴욕을 대표
하는 호텔이다. 대부분의 객실 창을 통해 센트럴 파크의 멋진 풍
경이 보인다. 건물 자체가 뉴욕의 역사와 품격이 담긴 가치 있는
기념물이고 호텔에서 세심하게 제공하는 최고의 서비스로도 널
리 알려져 있다. 영화 여인의 향기에서 자살 장소로 뉴욕을 선택
한 주인공이 삶의 마지막을 장식하는 뜻깊은 장소로 피에르 호
텔을 선택한 것은 우연이 아니다.

2023년 현재 피에르 호텔의 총지배인은 코르시카(Corsica) 출

신 프랑스인 프랑수아(François)다. 프랑수아는 모든 사람을 친절하게 대한다. 호텔을 찾는 손님들뿐만 아니라, 호텔에서 일하는 사람 모두를 존중하며 친절하게 배려한다. 피에르 호텔에는 약 300명의 다양한 사람들이 일하고 있다. 다른 호텔에서는 벌써 사라진 전화교환수 같은 직업이 아직도 그대로 있다. 프랑수아는 청소하는 사람들이 쉬는 곳을 자주 찾아서 그들과 진솔하게 이야기를 나눈다. 피에르 호텔에서 일하는 사람 대부분은 장기 근속하는데 20년, 30년 넘게 일하고 있는 사람들도 많다. 오래되고 낡았지만 100년 가까운 세월 동안 세계적 유명인들을 단골 고객으로 둔 뉴욕 최고의 호텔로 자리매김하게 된 이유는 무엇일까? 여러 가지 이유가 있겠지만 눈에 띄는 것은 사람에 대한 차별 없는 감사와 존중이다. 여기서 말하는 사람은 고객이 아니라, 호텔에서 허드렛일을 하는 사람들을 말한다.

사람들은 이중성을 싫어한다. 남의 아이는 함부로 대하며 자신의 아이는 공주나 왕자처럼 여기는 이중성, 고객에게는 비굴할 정도로 깍듯하게 대하면서 함께 일하는 사람을 무시하고 경멸하는 이중성과 가식은 피에르 호텔에는 보이지 않는다. 청소하는 직원이라고 무시하지 않고 각자의 역할 속에서 고객에게 최고의 대우를 하려는 일관된 태도에서 우러난 서비스 정신이야말로 진짜 품격이다. 피에르 호텔에는 그런 오랜 품격과 자부심이 느껴진다. 그래서 여전히 세계 최고의 호텔 중 하나로 인정을 받는 것이다. 최고의 호텔이라는 명예는 단순히 비싼 인테리어에 좋은 물건을 경쟁하듯 비치했다고 속성으로 주어지는 것이 아니다. 오래 잘 숙성된 위스키처럼, 오랜 삶의 경험이 잘 발효되어야 한 사람의 삶이 비로소 빛을 발하듯 진짜 마케팅이란 겉으로 보여주기 위한 것이 아니라 스스로 의미 있게 잘 살아가기 위한 핵심 가치에서 비롯된다.

퇴임한 오바마 대통령이 나레이터로 나오는 《일》이라는 제목의 넷플릭스 다큐멘터리가 있다. 한 곳에서 일하는 다양한 직업군을 통해 일이 무엇인지, 어떤 마음으로 일과 직업을 대해야 하는지를 다양한 관점에서 말하는데, 피에르 호텔을 비중 있게 다룬다. 호텔에서 일하는 청소부, 총지배인 등을 통해 대한 어떤 호텔인지 짐작할 수 있는 상세한 내용을 전한다. 피에르 호텔을 대표하는 얼굴인 총지배인 프랑수아는 다음과 같이 말한다.

"저의 일과 부는 내가 대표하는 이들 덕분입니다. 호텔에서 일하는 다양한 사람들이 그들입니다. 저는 정말 다양한 직원들과 일합니다. 믿기지 않는 기가 막힌 사연을 말하는 사람들이 제 주위에 많습니다. 소수자, 유색 인종, 원주민들, 그들 모두에게 흥미로운 사연이 있습니다. 뉴욕이 좋은 이유지요. 난 언제나 나의 이야기는 중요하지 않다고 생각했어요. 솔직히 말하면 내 길은 언제나 잘 닦여져 있었거든요. 내가 한 일이라곤 그 길을 갈지 안 갈지만 선택했던 겁니다. 난 열심히 노력한 줄 알았지만, 사실은 그냥 주어졌던 것이지요. 이거 해볼래? 받아라는 말과 함께요. 그런 선택권이 많은 사람에게 주어지지 않습니다. 그래서 전 일종의 책임감을 느낍니다. 모든 고객과 함께 일하는 우리 모든 직원에게도 마찬가지입니다. 호텔에서 일하는 모든 직원, 그들의 얼굴이 바로 나입니다. 그 사람들 덕분에 내가 두바이 어딘가에서 피에르 호텔을 대표해서 샴페인을 마실 수 있는 겁니다."

프랑수아는 함께 일하는 한 명 한 명 덕분에 호텔을 대표하는 총지배인이라는 자신의 일을 할 수 있다고 말한다. 너무나 당연한 말이지만, 너무나 많은 사람이 자주 잊고 있는 사실이다. 세상의 일이란 혼자 할 수 있는 것은 없다. 모든 일은 협업이다. 프리랜서 작가도 출판사의 편집자, 마케터 등과 협업한다. 무엇보다 자신의 책을 보는 독자들과 함께 호흡하지 않으면 안 된다.

세상에는 오로지 혼자 할 수 있는 일이란 없다. 그래서 어떤 일이든 그 일을 가능하게끔 만들어주는 다른 사람들과 함께 일하는 것이다. 그리고 왜곡된 능력주의라는 신화로 일의 성취를 오로지 자신의 능력 때문이라고 오해하면 안 된다. 그런 생각을 가지고 있는 사람들이 관리자 혹은 경영자가 되면 기업 문화는 추락하고 대중으로부터 외면 받게 된다. 호텔 같은 서비스업뿐만 아니다. ESG 등으로 기업의 사회적 책임과 조직 문화가 점점 중요해지는 시대에 자기중심적 사고를 하면 1인 기업도, 대기업도 살아남을 수 없다. 기업뿐 아니다. 정치인도 마찬가지다. 그 어떤 직업보다 타인 중심의 사고를 해야 하는 직업이 국회의원이다. 그래야 더 많은 타인에게 도움 되는 좋은 규칙들을 만들 수 있기 때문이다.

진실은 '자기다움'에서 피어나는 꽃

　뉴욕 피에르 호텔의 총지배인 프랑수아는 코르시카 출신이다. 코르시카에서 태어난 역사적 대표 인물은 로마의 철학자 세네카(Seneca), 프랑스의 나폴레옹(Napoleon) 등이 있다. 코르시카는 이탈리아 서쪽 지중해에 위치한 인구 35만의 큰 섬이다.

　코르시카는 프랑스령 섬이라 코르시카에서 태어나면 국적이 프랑스다. 하지만 대부분의 코르시카 사람들은 자신은 코르시카 사람이라고 여긴다. 코르시카는 기원전 3세기에는 카르타고의 영향권에 있다가 로마 제국에 편입되었다. 아랍 세력권으로 편입되었다가 이탈리아 피사 공화국, 제노아 공화국의 의해 통치를 받았다. 제노아 공화국으로부터 독립하기 위해 26년을 투쟁했고, 1755년 코르시카 공화국을 선언했지만, 1769년 프랑스에 의해 점령당했다. 1814년 영국에 의해 잠시 점령당했고, 1816년 다시 프랑스의 점령지가 되었다.

　코르시카인은 2,000년 넘게 독립을 원한 강인한 민족주의

색깔이 분명한 문화를 가지고 있다. 20세기 들어서부터 독립을 위한 항거가 지속적으로 일어났다. 코르시카 독립의 역사는 완성되지 않은 채 진행형이다. 코르시카 본토인 대부분은 지금도 프랑스로부터 독립하기를 원한다. 과거에도 그랬고, 앞으로도 그럴 것이다. 코르시카 출신의 음악가 뻬뚜루 구엘푸치(Petru Guelfucci)가 부르는 〈코르시카〉라는 노래를 들으면 코르시카 사람들의 생각과 정서가 어떠한지 알 수 있을 것이다. 오랜 세월 민족의 정체성을 유지한 한국 사람의 한 많은 정서와도 비슷한 느낌이 든다.

코르시카는 코르시카다. 코르시카 사람 대부분은 자신이 프랑스인도 아니고 이탈리아인도 아니고 코르시카인이라 생각한다. 그 어디에도 속하지 않고 자신만의 정체성을 알고 유지하려는 태도는 배울 점이 있다. 특히 조직에만 들어가면 자신의 고유한 생각보다는 조직의 생각을 우선시하는 사람은 특히 코르시카를 기억해야 한다. 2,000년 넘는 세월 동안 한 번도 제대로 독립하지 못했지만, 자신의 정체성을 잃지 않고 태생 원래의 고유한 모습으로 살아가려는 코르시카인은 시대의 파도에 이리저리 휩쓸리며 살아가는 바쁜 도시인들에게 묵직한 메시지를 던진다. 바로 자기다움이다. 요즘은 자기다움이 유행이다. 다른 사람이 욕망하는 것에 삶을 허비하지 말고, 타고난 고유의 모습으로 자신이 원하는 일을 하며 가치와 보람을 느끼는 삶이 바람직하다고 여겨지는 시대다.

자신 고유의 모습으로 자연스럽게 살아가며 일상의 행복을 느끼는 삶은 '조폭' 세계에서는 어울리지 않는다. 조폭 세계에서는 개개인의 고유성보다 조직이 중요하다. 무엇보다 보스의 생각이 중요하다. 구성원들은 보스의 손과 발이 되어 일사불란하게 움직여야 한다. 조직 전체가 수장의 뜻대로 움직인다는 점에서 볼 때 대한민국 공직 사회는 조폭과 닮았다. 정권이 바뀌고 고위 공직자가 물갈이 되면 수장의 뜻에 따라 움직이기 때문이다. 헌법에서 명시하고 있듯 공무원 조직도 국민으로부터 권력을 위임받아 국민을 대신해 국민을 위한 일을 하는 조직이다. 그들에게 일을 할 권리를 주는 것은 그들이 모시는 수장이 아니라, 국민이라는 사실을 잊지 말아야 한다. 공무원은 조폭처럼 상명하복하며 특정 리더의 지시를 따르는 사람이 아니라, 자신이 맡은 일의 범위 안에서 다수 평범한 국민들을 위해 할 수 있는 일, 해야 할 일을 연구하고 고민하며 다양한 대안을 만들어 내는 사람이어야 한다. 개별 공무원은 각자의 고유성이라는 기초 위에서 문제 해결(더 많은 사람들의 삶을 개선시키는 대안 도출)을 위해 머리를 맞대어야 다양한 현실적 대안들을 찾을 수 있다. 그렇지 않고 붕어빵처럼 구태의연한 반복적 접근, 시키는 것을 기계적으로 진행하면 '영혼 없는 공무원'이라는 말을 듣게 된다. 영혼은 붕어빵 틀에서 만들어지지 않는다. 영혼은 고유성에서 나온다. 개개인의 고유성을 바탕으로 다양한 사람, 다양한 의견들을 통해 창의적으로 문제를 해결하는 것은 공무원 사회에만 필요한 것이 아니다. 기업도 마찬가지다.

기업에 투자한다는 것은 그 기업이 '성장할 것이라는 기대'에 투자하는 것이 아니라 그 기업이 하는 '일'에 투자한다는 뜻이다. 하지만 현실은 그렇지 않다. '기업의 성장'과 '기업의 일'은 주식 투자의 관점에서 보면 서로 비슷한 말 같지만, 일의 관점에서 보면 그렇지 않다. 성장에 대한 목표 때문에 일을 망치는 경우가 종종 생긴다. 오로지 수익만을 위한 투자의 관점에서 보면 일보다 수익이 중요하다. 이윤이 절대 가치다. 가치 있고 의미 있는 일임에도 돈이 되지 않는다는 이유로 스스로 폐기하고, 수익이 생겨 기업이 성장하는 순간 이윤을 위해 보유한 그 기업의 주식을 빛의 속도로 팔아버린다. 끊임없이 수익을 내며 끊임없이 성장할 것이라는 기대를 만들어내지 않으면 중환자실로 가는 것이 상장기업의 운명이다. 기업이 하는 '일'을 통해서 성장 여부를 판단하는 것이 상식적 순서이지만, 성장의 관점에서 일을 섣불리 판단하는 경우가 많다. 아무리 의미 있고 가치 있는 일을 해도 수익이 나지 않거나 성장하지 않으면 그 기업의 가치는 사라진다. 관점과 프로세스가 바뀐 탓이다.

　가치와 의미가 담긴 좋은 일을 만들어내어, 사람들의 관심을 얻어 그들의 지갑을 열게 하고, 그 수익을 또 다시 그 좋은 일에 투자해 지속적 수익과 성장의 엔진을 만드는 일이 비즈니스다.

　기업의 지속적 성장을 가능하게 하는 좋은 일의 본질은 타인을 돕는 것이다. 사람들은 무언가가 자신에게 도움이 된다고 믿을 때 지갑을 열기 때문이다. 너무나 당연하지만 잊고 산다. 기업이 제공하는 재화와 서비스에 관심 가지게 만드는 일, 그들 삶에 도움 된다고 믿게 만드는 일에만 기업의 자원을 쏟으면 안 된다. 기업은 타인의 삶을 돕는 일에 집중해야 한다. 어떤 일이 타인에게 진정으로 도움이 되는지 찾기 위해서는 어떤 일이 내게 진정으로 도움이 되는지, 어떤 일이 나 주위의 사람들에게 진정으로 도움이 되는지를 이해해야 한다.

　사람에 대한 깊은 이해 없는 비즈니스는 사상누각이다. 경영이 인문학에 관심을 기울이는 것은 사치가 아니라, 생존을 위한 몸부림이다. 성장하는 기업이 좋은 기업이라는 착시에서 벗어나, 좋은 기업이 성장할 수 있도록 해야 한다. 좋은 기업인지 아닌지는 그 기업이 어떤 일을 하는가, 즉 그 일을 통해 실현하려는 가치로 판단되어야 한다. 기업과 인간의 가치는 타인을 돕는 일로 귀결된다. 인간은 타인을 도움으로써 자신을 돕는 존재, 자신을 도움으로써 타인을 돕는 존재다. 자신을 포함해 누군가를 돕지 않으면 인간은 공멸한다. 인간뿐 아니다. 모두가 그렇다. 그런 시스템을 생태계라 부른다. 공무원의 일과 기업의 일을 전혀 다른 것으로 여기는 건 큰 오해다. 인간은 어디에서 무엇을 하든 의미 있는 일을 해야 한다. 의미 있는 일이란 나의 일을 통해 누군가의 삶을 돕는 행위다.

국회의원의 일도 마찬가지다. 입법이라는 나의 일을 통해 누구의 삶이 나아지는지 고민해야 한다. 막연하게 국가, 국민이라는 말로 퉁치지 말고, 정확하게 어떤 사람들의 삶이 나아지는지, 왜 그럴 수 있는지 구체적으로 말할 수 있어야 한다. 이 사회에서 살아가는 다수 평범한 사람들, 힘없고 소외된 사람들, 배제되고 고립된 사람들이 국회의원들의 '고객'이다. 건설사, 언론사, 그들보다 더 돈이 많고 더 힘이 센 사람들은 국회의원들의 고객도 보스도 아니다.

그런 점에서 정당의 입장과 개별 국회의원의 생각이 같을 필요가 없다. 조폭의 상명하복처럼 정당이 바뀌면 생각도 바뀌고, 야당일 때의 말과 여당일 때의 말이 바뀌면 안 된다. 정말 자신의 생각이었다면 바뀌게 된 이유를 설명할 수 있어야 한다. 그때그때의 상황에 따라 말을 바꾸는 것이 정치인들의 기본 자질이라고 여기면 안 된다. 그건 매우 위험한 신호며, 그런 국회의원들이 많아지면 국가 시스템은 곧 붕괴의 길을 걷는다. 한 사례를 들면 야당이었을 때는 후쿠시마 오염수 방류는 절대 있을 수 없는 일이라고 목소리를 높이던 집단이 여당이 된 뒤에는 오염수 방류가 아무 문제가 없다고 하면서 문제를 제기하는 사람들을 공격하는 것이 대표적이다.

생각과 주장은 바뀔 수 있다. 문제는 이유다. 그때의 합당한 이유와 지금의 합당한 이유 사이에서 최적의 대안을 찾아가는 것이 문제 해결의 과정이다. 근거와 이유, 팩트에 기반한 논리적 설명 없이 주장만 되풀이하며 상대를 공격하는 건 정치인의 윤리가 아니다. 특히 갈등 조정이라는 문제 해결을 통해 현실적 대안을 찾아 규칙으로 만드는 국회의원은 그런 태도로 일하면 안 된다. 길을 잃었거나 답을 찾지 못해 답답하다면 코르시카로부터 배워야 한다. 나는 누구며 어떻게 살 것인가라는 질문에 대한 진실된 대답부터 찾아야 한다. 정치인은 무엇보다 진실해야 한다. 진실성은 고유성이라는 토양에서 자라는 꽃과 같다.

인간을 인간답게 만드는 기억

 1583년 9월 27일, 오스트리아 빈의 한 거리 광장에 70살 노인이 나무 기둥에 사슬로 손을 묶인 채 서 있었다. 그는 70세 할머니 엘리자베스 플라이나허(Elisabeth Plainacher)였다. 줄여서 '엘자'라고 부르자. 엘자는 직전까지 행해진 숱한 고문으로 이미 만신창이 상태였다. 맨발에 풀어헤친 머리카락이 그간의 고생을 짐작하게 한다. 구경꾼이 환호하는 가운데 이제 막 발밑 나뭇단에 불이 붙었다. 곧 온몸이 타들어가는 고통 끝에 숨이 멎을 것이다. 얄궂은 건 자신의 온몸을 태운 땔나무 값이 엘자의 지갑에서 나왔다는 사실이다. 그뿐만 아니라 그녀의 심문 비용도, 화형전에 열린 재판관들의 연회비용도 모두 엘자가 부담했다. 게다가 그의 남은 재산은 모두 지방 관리들의 차지가 되었다. 그녀는 무슨 죄를 지었을까? 그 전모가 2020년 한국에서 밝혀진다. 한겨레 신문에 게재된 〈이유리의 그림 속 여성〉이라는 글을 통해서다. 엘자에게 무슨 일이 있었는지 좀 더 알아보자.

"1513년 방앗간지기의 딸로 태어난 엘자는 어릴 적 사랑에 빠져 사생아를 낳았는데, 이 아이는 곧 세상을 떠났다. 다른 남자와 결혼을 했지만 남편도 일찍 숨졌다. 그 뒤 재혼해 아이를 낳고 잘 사나 했는데 두 번째 남편 역시 엘자보다 먼저 사망했다. 딸 마르가레트도 넷째 아이 아나를 낳은 뒤 세상을 떴다. 딸은 죽기 전에 남편의 폭력으로부터 어린 딸 아나를 보호하고 싶다며 엘자에게 돌봐달라 부탁했다. 엘자는 슬픔을 딛고 딸 마르가레트가 남긴 막내 손녀 아나를 거두어 정성껏 길렀다. 엘자는 카톨릭에서 루터교로 개종했고 신앙의 힘으로 삶을 이어갔다. 그런데 바로 그게 문제였다. 죽은 딸 마르가레트의 남편, 그러니까 엘자의 사위인 게오르크 슐루터바워는 자신의 딸을 데려가 홀로 키우는 장모를 못마땅하게 여겼다. 게다가 딸 아나는 간질 증세를 보이고 있었다. 결국 게오르크는 자신과 마찰을 빚던 장모를 '마녀'라고 고발했다. 이유는 얼마든지 갖다 붙일 수 있었다. 엘자의 주변인들이 차례차례 사망한 것도, 아나의 간질 증세도 모두 엘자의 마녀짓 때문이라는 것이다. 당장 가톨릭 예수회 소속 심문관이 엘자가 마녀인지 아닌지 판명하기 위해 나섰다. 심문관의 눈에는 루터교로 개종한 엘자가 좋게 보이진 않았을 것이다. '본때'를 보여야 한다고 생각했을지도 모른다. 엘자는 손쉽게 화형장의 이슬이 되었다. 일련의 일들은 일사천리로 진행됐다. 아무도 엘자를 대변해주는 사람이 없었다. 그는 보복당할 불안 없이 곱게 재산을 몰수당하며 죽어줄 수 있는 여성이었기 때문이다."

'마녀사냥'의 역사는 인류 역사와 궤를 같이한다. 마녀사냥에 대한 정확한 통계는 없다. 가장 극심했던 시기로 알려진 14세기부터 17세기 유럽에서 마녀사냥으로 처형된 사람은 약 50만 명이라고 인류학자 마빈 해리스(Marvin Harris)는 추정한다.

마녀사냥의 대상은 여성에만 국한되지 않았다. 서유럽 지역의 희생자 중 20%, 아이슬란드 희생자의 92%가 남성이었다. 에스토니아, 러시아 등지에서는 3분의 2가 남성 희생자였다. 마녀사냥의 대상은 '약자'였다. 남성보다 여성이 약자인 경우가 많으니 결과적으로 대부분의 희생자는 여성이었다. 마녀사냥이 가장 극심했던 때는 가톨릭교회의 세력이 가장 약했던 때라는 사실은 우리에게 시사하는 바가 적지 않다. 권력을 잃고 싶지 않은 이들은 자신의 권력을 유지하기 위해 누군가를 비난하는 법이다. 스스로 책임지기를 싫어하는 정치인들은 언제나 누군가를 비난한다. 정치인의 첫째 덕목은 문제의 원인을 자신에게 돌릴 줄 아는 책임 있는 태도다. 그런 태도로 일해야 더 많은 사람들을 위한 좋은 사회적 규칙들을 만들어낼 수 있는 법이다.

약자는 함부로 대해도 된다는 어리석은 시대정신이 엘자를 죽였다. 우리 곁에는 아직도 수많은 엘자가 있다. 바삐 살다 어느 날 문득 나 자신이 엘자라는 사실을 깨달을지도 모른다. 엘자가 되지 않기 위해 노력하는 것은 의미 없다. 엘자는 상대적 약자이기 때문이다. 결코 엘자가 될 수 없는 조건을 만들려면 지구별에서 가장 힘센 사람이 되어야 한다. 힘센 사람들과 친밀하게 지내도 결과는 마찬가지다. 그들의 마음이 언제 어떻게 바뀔지 아무도 모른다. 방법은 하나뿐이다. 힘이 없어도 잘 살 수 있는 사회를 만드는 것이다. 방법은 그것뿐이다.

인류는 오랫동안 그런 세상을 만들기 위해 분투해왔다. 오늘 우리가 옛 사람들에 비교해 좀 더 누리고 있는 것이 있다면 약자를 위해 목숨 걸고 분투했던 사람들 덕분이다. 그래서 우리는 빚을 지고 있다. 1513년에 태어난 방앗간집 딸에게도 그녀의 삶만큼 빚을 지고 있다. 그래서 우리는 엘자를 기억해야 한다.

인간을 인간답게 만드는 것은 기억이다. 기억은 두 가지가 있다. 오직 나를 위한 기억과 다른 이들을 위한 기억이다. 정치하는 사람들의 기억은 후자로 채워져야 한다. 특히 입법에 관여하는 사람들은 유념해야 한다. 500년 전 힘없고 죄 없는 엘자를 죽인 마녀사냥은 그 시대의 규칙이었다. 평범한 사람들이 만든 규칙이 아니라, 당시 힘을 가진 교황청, 수도원, 귀족, 관료 등의 권력자들이 주도해서 마녀의 개념을 정립했고, 이질성에 대한 혐오와 질투, 물질적 탐욕, 쾌락적 중독에 빠진 대중들이 좀비처럼 그 뒤를 따랐다. 타인을 조롱하고, 비난하고, 혐오하고 공격하며 쾌락을 느끼는 건 수백 년 전 마녀사냥을 일삼았던 한심한 사람들만의 전유물이 아니다. 쾌락에 반응하는 인간의 뇌는 수천 년 전이나 지금이나 똑같다. 나카노 노부코는 《정의 중독》에서 다음과 같이 말한다.

"직접적인 불이익을 받지도 않았고 당사자와 관계도 없는데, 강한 분노와 미움의 감정이 생긴다면? 일면식도 없는 상대에게 공격적인 말을 퍼붓고 완전히 짓밟아야 직성이 풀린다면 '용서할 수 없는' 감정이 폭주한 상태다. 인간은 누구나 이러한 상태에 빠질 수 있다. 인간의 뇌는 범법자나 배신자 등 누가 봐도 비난받아 마땅한 대상을 찾아 벌하는 데 쾌감을 느끼도록 만들어져 있다. 타인에게 '정의의 철퇴'를 가하면 뇌의 쾌락중추가 자극을 받아 쾌락물질인 도파민이 분비된다. 이 쾌락에 한 번 빠지면 쉽게 헤어나지 못하며, 항상 벌할 대상을 찾아 헤매고 타인을 절대 용서하려 하지 않는다. 나는 이런 상태를 정의에 취해 버린 중독 상태, 이른바 '정의 중독'이라고 부른다. 유명인의 불륜 스캔들이 보도될 때면 "어떻게 저런 짓을! 저건 절대 용서하면 안 돼"라며 비난을 퍼붓고, 누군가의 문제 영상이 올라오면 그가 일반인이더라도 그는 물론 가족들의 신상 정보까지 공개해 버린다. 또 기업의 광고가 마음에 들지 않으면 해당

상품과 관계없는 부분까지도 죄다 들추어내 따지고 든다."

　가끔 정치인들의 말과 행동을 보면 정의 중독에 걸린 환자들처럼 보인다. 정치인, 특히 국회의원들은 누군가를 비난, 공격, 비판하는 일에 익숙해지면 안 된다. 그들의 일은 갈등을 조정하고 해결해서 대안을 만들어내는 것이다. 대안이란 더 많은 사람의 삶이 개선될 수 있는 시대 변화에 걸맞는 좋은 규칙들이다. 좋은 규칙을 만들어내지 않고 마녀사냥을 하듯 누군가 혹은 무언가를 비난만 한다면 도파민 분비를 위해 물불을 가리지 않는 마녀사냥에 중독된 몽매한 500년 전 군중과 똑같다.

　국민을 대신해서 입법 활동을 할 대리인을 뽑을 때는 후보들의 말과 행동을 잘 살펴야 한다. 문제 해결의 언어가 아닌 비난과 공격의 언어를 사용한다면 그는 정치인의 자격이 없는 사람이다. 정치는 국민의 문제를 해결하는 일이지, 국민에게 문제를 선물하는 일이 아니다. 국회의원은 마녀로 오해받는 늙은 할머니를 무시하면 안 된다. 자신의 소중한 삶을 바쳐 달려가 들어야 한다. 그래야 문제가 풀리고 좋은 규칙들이 나온다. 빨갱이, 좌파, 종북, 수구, 보수꼴통 같은 말로 누군가를 공격하며 책임을 돌리는 것은 정치인의 바른 태도가 아니다. 비난하지 않고 끈기 있게 문제를 해결하려는 마음, 그것이 국회의원의 품격이다.

변하지 않아서 생기는 가치

　대한민국 사회는 변화가 빠르다. 얼마나 빠른지 3박 4일 해외여행을 다녀와도 변화가 느껴질 정도라 한다. 허풍이 섞인 말 같지만, 중년 이후 하루하루 달라지는 노화 속도를 생각하면 어느 정도 팩트를 담고 있는 말 같다. 외국에서 한 달 살기를 하고 돌아온 사람들의 말을 들으면 잠시 떠났다 돌아왔을 때 느끼는 변화는 허풍이 아닌 듯하다. 장기 여행을 다녀온 사람은 무엇이 어떻게 변했는지 구체적 근거를 말한다. 카페, 식당 같은 공간은 변화의 대표 선수다. 한 달이면 기존 가게가 사라지고 새 가게가 오픈한다. 업계 종사자는 절대 동의하지 않을 '자영업자는 망하고, 인테리어 업자만 흥한다.'는 말도 있다.

　외국에서는 100년 넘은 카페, 음식점을 종종 만나볼 수 있지만, 한국에서 그런 유서 깊은 전통과 자부심 넘치는 문화가 살아 있는 장소는 멸종 위기종이다. 오래된 건물 또한 찾아보기 힘들다. 한국 전쟁통에 폭격 맞아 사라졌고, 새로 지은 건물들은 아파트를 짓는다고 또 철거되고, 아파트는 또 새로운 아파트를 짓는다고 철거된다. 한국에서는 카페의 운명과 집의 운명은 비슷하다. 변화 사이클의 차이일 뿐 보금자리의 운명은 카페의 운명과 다르지 않다. 재건축으로 사라지기도 하고, 안팎으로 불가피한 상황 때문에 이사를 다닌다. 한 곳에서 수십 년 넘게 오래오래 사는 것은 카페를 오픈해 100년쯤 유지하는 것만큼이나 드물고 힘든 일이다. 정치와 교육을 제외한 모든 영역이 100일이 무섭게 빠르게 바뀐다. 변해야 할 것이 변하고, 변하지 말아야 할 것이 변하지 않으면 살기 좋은 사회다. 그 반대면 살기 힘든 사회다.

변해야 할 것과 변하지 말아야 할 것이 각각 무엇인지 판단하기는 쉽지 않다. 판단이 어려울 때는 비교가 좋다. 변하지 않은 것을 통해 변한 것, 변할 것을 생각해 보는 것이다. 정치를 변화의 관점에서 보면 좋은 정치는 '변함'과 '변하지 않음'에 대한 문제다. 무조건 새롭게 변화시킨다고 좋은 정치, 좋은 사회가 되는 것이 아니다. 변화가 필요한 것과 변화가 오히려 문제가 되는 것을 잘 구분해야 한다. 때로는 있는 그대로를 잘 유지하는 것도 좋은 정치다. 좋은 것은 계속 유지하고, 부족한 것은 변화를 이끄는 것이다.

변하지 않으면 도태되는 세상에 살고 있지만, 변하지 않았다는 이유만으로 빛날 때도 있다. 미국 메이저리그 야구팀인 보스턴레드삭스(Boston Red Sox)가 홈구장으로 사용하는 펜웨이파크 (Fenway Park)는 개장한 지 100년이 넘었다. 펜웨이파크는 1912년 개장했고, 지금도 그 모습 그대로 유지되고 있다. 때문에 다른 메이저리그 구장과 같은 최첨단 구장이 아니다. 아직도 전광판 의 숫자를 수작업으로 교체하고 있으며, 예전의 나무의자를 지 금도 사용하고 있다. 야구팬의 입장에서 보면 불편한 점도 많다. 하지만 펜웨이파크는 보스턴 시민들에게 특별한 존재다. 보스턴 의 심장과 영혼으로 상징되는 공간이기 때문이다. 역사는 훨씬 짧지만, 한국 야구의 역사가 아로새겨진 동대문야구장의 운명은 보존이 아니라, 철거였다. 어떤 결정이든 나름의 최선이 담겼으 니 옳다 그르다의 문제로는 볼 수 없다. 다만, 보스턴 시민들이 생각하는 가치는 동대문야구장을 철거한 사람들이 생각하는 가 치와는 다소 차이가 있는 것 같다.

야구는 승패보다 전통과 명예를 존중하는 스포츠다. 변하지 않은 전통이라는 점에서 내 모교인 경남고등학교 야구부는 특별 하다. 1946년 창단된 이후 유니폼을 한 번도 바꾸지 않았다. 지 난 80여 년 동안 똑같은 유니폼을 입고 야구 연습을 하고 그 모 습 그대로 경기장에 들어선다. 1980년대 컬러TV가 보급된 후 새로운 시대에 맞춰 색상을 강조한 유니폼이 등장했고, 시대별로 그때그때 유행에 따라 많은 학교가 유니폼을 바꾸었다. 하지만 오직 한 학교, 경남고등학교만이 야구부 창단 때 입은 것과 똑같은 유니폼이다. 1946년에 디자인한 유니폼을 입고 경기를 하는 선수들의 생각이 똑같을 수는 없을 테다. 어떤 이들은 전통에 자부심을 느끼며 신상보다는 손때 묻은 오래된 것의 가치를 더 중요하게 여길 것이다. 어떤 이들은 유행에 뒤처지고 세련되지 못하다 여기기도 할 것이다. 하지만 장기영, 김용희, 최동원, 이대호 선수처럼 기라성같은 야구 대선배들과 똑같은 유니폼을 입는다는 사실 하나만으로도 큰 자부심을 느낄 것이다.

변하지 않은 유니폼을 통해 학생들은 전통이 무엇인지 배울 것이다. 사전 속 풀이처럼 관념으로 이해하는 전통이 아니라, 유니폼이라는 구체성을 통해 현실 속의 전통이 무엇인지 생생하게 배울 것이다. 이런 현재형으로서의 전통은 야구부 학생들에게 유니폼은 단순한 유니폼 이상의 의미를 지닌다. 야구부가 되어 야구로 희망을 꿈꾸는 학생들의 가슴 속에서 자랑과 영광의 벅찬 감정을 만들어낸다.

나 또한 졸업 후 경남고등학교 야구팀 유니폼을 소장하고 있다. 모교 야구부가 중요한 시합을 하는 날이면 옛날 학창시절 운동장에서 소리 높여 응원했던 선배들과 같은 유니폼을 입고 가족들과 즐겁게 응원을 가곤 한다. 욕심인지 몰라도 아주 오랜 시간이 지나도 지금 유니폼으로 모교 야구부를 응원할 수 있었으면 좋겠다.

경남고등학교 졸업생들은 나이와 상관없이 대부분 야구를 좋아하고, 모교가 시합하면 한데 똘똘 뭉친 마음으로 응원을 한다. 아무리 나이가 들어도 야구를 보며 가슴 뛰는 청춘을 느낀다. 경남고등학교의 오랜 명예와 전통 때문이다. 경남고의 명예는 우승을 많이 해서가 아니라, 1946년 창단 이후 유니폼을 바꾸지 않은 오랜 전통에서 비롯된 것이라 생각한다. 어떤 것은 변하지 않았기 때문에 가치가 드높아진다.

고립을 넘어 공감과 연민으로

국세청의 통계자료를 보면 카페라고 불리는 커피 음료점은 2007년에는 2,375개였는데, 2017년에 4만여 곳으로 늘었고, 2021년에는 8만 곳이 넘는다. 핵분열 하듯 폭발적으로 늘어났다. 카페에 가면 항상 볼 수 있는 장면이 있다. 커플, 친구, 가족 등 친한 사이로 보이는 손님이 테이블에 마주 앉거나 나란히 앉아 각자의 스마트폰만 열심히 보고 있는 장면이다. 도시의 보도블록처럼 너무나 당연한 풍경이라 눈에 들어오지도 않는 장면이다.

영국의 저명한 경제학자 노리나 허츠(Noreena Hertz)가 쓴 《고립의 시대》에 따르면 '현대인이 하루에 휴대전화를 확인하는 평균 회수는 221번이라고 한다. 10대의 절반 정도는 항상 온라인 상태고, 전 세계 성인의 3분의 1이 아침에 눈을 뜬 지 5분 이내로 휴대전화를 확인하고, 한밤중에 깼을 때도 5분 안에 휴대전화를 확인한다.'고 한다. 이처럼 현대에 와서 디지털 기술은 우리 일상생활의 필수적인 부분이 되었다. 우리는 통신과 업무는 물론 엔터테인먼트를 위해 스마트폰, 컴퓨터 등의 디지털 장치에 크게 의존한다. 이러한 기술 발전은 의심할 여지없이 우리의 삶을 개선했지만 디지털 과부하, 디지털의 사용으로 인한 주의산만, 현실 세계에서의 집중력 감소와 같은 현상을 겪고 있다.

이와 같은 현상은 우리가 살고 있는 서울이나 부산처럼 스마트폰 사용량이 높은 도시에서 매우 심각하게 나타나고 있다. 이에 시민들의 안전을 지키기 위해 도시계획 전문가들은 기존의 신호등과 함께 도로 바닥에도 신호 장치를 설치하기에 이르렀다. 이와 같은 신호 장치로 인해 '보행자의 부상은 20%, 보행자의 사망은 40%나 감소했다.'는 보고도 있다. 사실 타인에 대한 무관심이나 다양하고 일상적인 사회적 상호작용의 단절은 번잡한 도시생활에 의해 비롯된 것이 아니다. 휴대전화를 통해 영상을 시청하고 SNS에 달려 있는 댓글을 읽고 댓글을 다는 매순간 우리는 주변의 사람들로부터 고립되는데 이는 우리 스스로가 선택한 것이기 때문이다. 최근의 연구는 "우리가 스마트폰을 몸에 지니고 있을 때 낯선 사람과 미소를 주고받는 일이 줄어든다는 사실"을 밝혀냈다. 우리는 언제나 '함께' 있지만, 동시에 언제나 '혼자' 있다는 것이다.

우리는 엘리베이트와 같은 낯선 사람들과 함께 하는 공간에 들어설 때, 딱히 아무런 필요도 없는데 중요하게 확인할 것이 있는 듯 휴대폰을 꺼내 무언가를 확인하곤 한다. 일행이 없을 때 낯선 누군가와 있을 때는 멋쩍어 휴대폰을 확인하는 습관은 이해할 수 있다. 하지만, 함께 이야기를 나누기 위해 만난 친밀한 사람과 있을 때도 서로 말없이 각자의 휴대폰을 보며 대부분 시간을 보내는 건 뭔가 앞뒤가 맞지 않은 것 같다.

최근에 사람들이 말하는 '디지털 디톡스'라는 것도 사실은 디지털 기술이 우리를 통제하도록 내버려 두지 말고 우리의 삶을 향상시키는 도구로 사용하는 것이 바람직하다는 문제의식에서 나온 개념일 것이다. 디지털 디톡스는 절대로 디지털 기술을 포기하자는 것이 아니다. 다만, 디지털에서의 경험과 실제 경험의 균형을 찾고 이를 일상생활에 통합함으로써 건강한 생활을 유지할 수 있어야 한다는 것이다. 이를 통해 스스로를 재충전하고, 재조정해서 타인은 물론 주변의 환경이나 자연과도 재연결할 수 있는 기회로 삼는다면, 우리는 지속적이고 쉴 틈 없는 '연결'에서 벗어나 주변 세계에 대한 새로운 인식을 얻을 수 있을 것이다.

노리나 허츠는 스마트폰 등으로 '초연결의 시대'에 살고 있는 현대인들은 점점 고립되고 있다고 진단한다. 나아가 현실 세계에서의 소통과 연결감은 급격히 줄어들어 심각한 고립감, 외로움, 우울을 느끼는 현대인은 나치 독일의 대중처럼 그들을 자극하는 특정 조건에 폭발적으로 반응해 급격히 전체주의로 빠져들 수 있다고 경고한다.

　든든한 뒷배경과 지원군이 없는 평범한 대다수의 사람들은 공부, 자기개발이라는 이름으로 좀 더 나은 삶을 위해 노력한다. 좋은 대학을 가기 위해 노력하고, 스펙을 쌓아 좋은 직업을 가지려고 노력하고, 주식, 부동산 등의 재테크를 통해 경제적 안정을 이루려 노력한다. 믿을 것은 노력밖에 없다. 내 인생을 위해 내가 노력하지 않으면 아무것도 되지 않는다. 그래서 자기개발의 광풍이 분다. 능력주의가 이데올로기가 된다. 잘 모르는 사람들끼리 서로 도움을 주고받는 것은 상상 밖의 일이다. 기승전 '자기개발'이다. 믿을 건 나밖에 없다. 그러니 점점 똑똑해지고 점점 강해져야 한다. 노력한 만큼 그에 상응하는 결과가 주어지는 것, 그것이 현실 세계를 지배하는 공정의 법칙이다. 노력은 세상 질서의 절대 잣대다. 노력하지 않은 자는 아무것도 취해서는 안 된다. 교육을 통한 입시경쟁은 점점 심해지고, 학력 평가를 통한 줄세우기가 삶의 척도가 된다. 나보다 공부를 못했던 친구가 나보다 나은 직장을 가지는 것은 용납할 수 없다. 만약 그런 일이 벌어지면 치욕과 모멸감을 느낀다. 공정하지 않기 때문이다. 나보다 서열이 아래에 있든 위에 있든 그들을 도울 이유가 없다. 나는 오로지 나만 보고 간다. 그게 인생이다. 이런 마음으로 살아가니 점점 고립된다.

모든 사람이 노력해서 만족할만한 결과가 나오면 좋겠지만, 현실은 그렇지 않다. 어떤 사람은 잘 되고, 어떤 사람은 그렇지 않다. 노력했는데도 잘 안 되면 절망한다. 노력도 하지 않으면 자괴감이 쌓인다. 별 노력 없이 잘 되는 타인을 보면 분노가 쌓인다. 세상은 불공평하다. 공정하지 않다. 그런 세상은 바뀌어야 한다. 한 번에 엎어야 한다. 주위를 둘러보니 나 같은 사람들이 많다. 비슷한 사람들끼리 연대해서 목소리를 높여야 한다. 그래야 우리 같은 사람이 잘 살 수 있다. 세상은 정의로워야 한다. "이런 마음으로 똘똘 뭉쳐 한 나라를 변화시키면 어떤 일이 일어날까?

'능력주의'라는 키워드를 '민족주의'로 살짝 바꾸면 모두가 잘 아는 '역사'가 된다. 히틀러가 주도했던 나치 독일이다. 정치사상계에서 거목인 한나 아렌트(Hannah Arendt)는 자신의 저서《전체주의의 기원》에서 나치 독일을 분석하며 히틀러의 전체주의가 형성되는 과정 깊숙한 곳에 자리 잡은 근본 원인을 '개인의 고립'이라고 보았다. 또한 전체주의는 놀랍게도 빨리 잊히며 또 놀랍게도 다시 빠르게 나타날 수 있다고 경고한다. 혹시나, 나치의 시대가 다시 온다 해도 뭐가 문제인지 묻는 이들이 있을지도 모르겠다. 전체주의는 나는 맞고 너는 틀렸다라는 생각, 그러니 너는 사라져야 하고 나는 번영해야 한다는 생각이 집단화된 것이다. 전체주의의 진짜 위험은 살아남은 나도 언젠가 죽어야 하는 누군가의 '너'가 될 수 있다는 가능성이다. 너와 내가 언제든 같아질 수 있다는 공감과 연민은 전체주의 비극을 막는 제방이다. 우리 삶의 기반인 휴머니즘의 제방이 무너지고 있다. 전체주의의 전조는 외로움으로 고립된 개인이 늘어나는 현상이다. 경제 문제가 고립감을 느끼는 중요한 축이긴 하지만, 경제적 조건만이 고립의 원인은 아니다. 엄청난 부를 가졌어도 고립된 삶을 사는 사람이 있고, 최저임금을 겨우 받으면서도 많은 사람과 좋은 관계를 유지하며 즐겁게 사는 사람이 있다.

고립의 원인은 여러 가지가 있다. 고립된 채 액정화면에 의지한 채 살아가는 사람들이 줄어들 수 있도록 정치가 관심을 가져야 한다. 그렇지 않으면 원자처럼 고립된 개인들은 특정 조건에서 연쇄 작용을 일으켜 핵폭발을 일으킬지 모른다. 인류는 2차 세계대전의 역사를 극복해야 한다. 단순히 그 시절을 겪었다고 해서 긴 세월이 흘렀다고 해서 역사로부터 교훈을 얻는 것이 아니다. 온라인으로 어디든 접속할 수 있는 초연결 사회의 실체는 고립이다. 고립의 문제는 개인의 문제로 끝나지 않는다. 정치 영역에서 고립의 문제를 해결해야 한다. 파편화된 데이터로 이루어진 그럴듯한 정치적 메시지들만 던지는 건 고립을 더욱 부추긴다. 공격과 비난의 말을 줄이고 멀어진 사람을 만나 그들과 대화를 나누는 모습을 보여야 한다. 그게 정치인의 일이다.

개인과 공동체를 연결하는 다양성

정치란 다양성으로 시작되어, 다양성으로 진행되고, 다양성으로 끝나는 일이다. 정치란 사회 각 영역의 크고 작은 사회 문제들을 해결하는 과정이다. 문제를 해결하려면 창의적 아이디어가 있어야 한다. 이미 여러 번 시도한 구태의연한 접근과 방법으로는 묵은 문제를 해결하기 어렵다. 갈등을 재정의하고 창의적으로 문제를 해결하기 위해서는 다양성의 도움을 얻어야 한다. 문제를 바라보는 다양한 관점, 다양한 가치, 다양한 대안들, 다양한 시뮬레이션이 협업을 바탕으로 유기적으로 연결되어 하나의 통합된 프로세스를 이룰 때 묵은 문제를 해결할 가능성이 높아진다. 한두 번의 시도로 해결이 안 된다고 해서 포기하면 안 된다. 같은 접근으로 대안과 프로세스를 수정하며 반복하고 반복하면 결국은 해결된다.

정치란 누군가를 공격하고 비난하는 일이 아니다. 문제를 해결하는 일이다. 문제를 해결하려면 다양성에 열려 있어야 한다.

다양성이 사라지는 때는 정치가 죽고 사회가 썩는 때다. 독재, 전체주의가 그렇다. 그런데 우리는 집단의 힘에 대한 향수를 가지고 있다. 집단의 힘에 기대는 이유는 개인의 삶 속에서 의미를 찾지 못할 때이다. 이때 가족, 친구, 사회, 집단에 관심을 기울이게 된다. 나는 줄어들고 집단이 남는다. 사람들은 이성적으로는 그렇게 생각하지 않지만, 이때 작동하는 것은 사람들의 이성이 아니다.

사람들은 영향력 있는 집단이나 명성이 높은 집단의 일원으로 인정받고 싶어 하는 심리가 있다. 다른 사람들과 구분되는 '어떤 것'을 소유함으로써 우리가 그 집단의 일원이 될 수 있을 것이라고 생각하는 것이다. 집단에 포함되고 싶어 하는 욕망은 아주 강렬한 것이다. 사회적으로 영향력을 발휘하는 집단이 가진 매력은 너무나 분명하지만, 설령 사회적인 영향력이 강하지 않은 집단이라고 하더라도 어떤 곳에도 포함되지 못하는 것보다는 훨씬 매력적으로 비칠 수 있기 때문이다. 예를 들면, 사이비 종교도 그렇다. 다수의 사람들이 뭔가를 할 때 우리는 그런 모습, 그런 힘에 경도된다. 신비롭다. 매혹적이다. 나도 그런 힘의 일부분이 되고 싶다. 그 힘은 변화를 향한 힘이다. 더 나은 삶, 더 평화로운, 더 고요한, 더 돈이 많은, 더 평안한, 더 멋진 물리적 상태, 더 멋진 정신적 상태, 그런 더 나은 변화를 향한 욕망,

그런 욕망은 그 자체로 힘이다. 욕망은 의지다. 죽어가는 사람이 마지막 불꽃을 태우며 일어나듯, 몸을 일으킨다. 정신을 일으킨다. 갈수록 개인이 고립되는 시대에 전체주의의 망령이 깨어나는 이유다.

좋은 사회란 개인의 다양한 개성이 살아 있어 건강하게 발현되며 공동체와 개인이 잘 연결되어 서로 영향을 주고받는 관계다. 집단 꼭대기에 있는 누군가가 구성원의 생각과 행동을 통제하는 것이나 개별 구성원이 저마다 고립된 채로 살아간다면 결코 좋은 사회가 될 수 없다. 집단과 개인은 서로의 고유성을 유지하고 상호작용하며 영향을 주고받아야 한다. 학교와 학교에서 공부하는 학생과의 관계, 기업과 기업에서 일하는 사람의 관계, 정당과 정당에 속한 국회의원의 관계, 정부 권력과 국가에서 살아가는 사람의 관계도 그러해야 한다. 그래야 집단의 번영이 개인의 번영으로 이어지고, 개인의 번영이 집단의 번영으로 이어진다.

일부를 공유하는 쪽으로, 일부에 대해 같은 생각을 가진 쪽으로 바뀌어야 한다. 모두가 같은 생각을 가지고 있다면 그런 조직은 더 이상 필요 없다. 한 사람만 있으면 된다. 기업에 비유하자. 일은 문제 해결이고, 다양한 생각과 관점을 가진 사람들이 있어야 문제가 해결될 가능성이 높아진다. 1만 명의 조직이 있는데,

모두가 같은 생각을 하고 있다면 그 많은 사람들이 있을 필요가 없다. 그런 조직은 대체가능성이 높기 때문에 아무나 일을 할 수 있다. 요즘의 우리나라의 정치가 그런 것이 아닌가 하는 생각이 든다. 다시 말하면 옆집 아저씨, 폐지 줍는 할머니, 택배 물건을 가지고 엘리베이터 앞에서 기다리는 청년 같은 사람들이 오히려 정치를 훨씬 잘할 가능성이 높을지도 모른다.

　사람이 뭔가를 한다는 것은 자신의 개성과 생각을 가지고 있음이 전제가 된다. 다른 사람들과 똑같이 생각하고 행동한다면 굳이 나라는 존재가 없어도 된다. 진짜 두려운 것은 내가 다른 사람과 같아질 때다. 대부분 자살하는 이유는 내가 다른 사람과 같지 않고 다르다고 생각해서다. 그들도 나와 비슷하다는 것이 진실이다. 사람들은 진실을 감추고 산다. 되고 싶은 모습과 내 삶이 다르고, 되고 싶지 않은 모습과 내 삶이 같다 생각하면 인간은 더 이상 살아갈 힘을 잃는다. 되고 싶거나 되고 싶지 않은 모습은 대부분 오해로 축적된 일면 혹은 진실과 떨어진 왜곡된 정보와 이미지들이다. 배움과 성장 속에서 가치를 느끼는 삶을 살아가려면 다른 모습 속에서 같은 면을 발견하는 태도를 지녀야 한다. 정치 영역에 종사하는 이들에게 가장 절실한 모습이다. 특정 정당에 속해 있다는 이유로 다양할 수밖에 없는 국회의원이 한 목소리를 내는 것, 혹은 그래야 한다고 믿는 것은 전체주의적 사고방식이다.

고립된 개인은 집단의 공통된 목소리를 낸다는 초라한 이유에 위로와 소속감을 느낀다. 정치인은 그 알량한 소속감으로 자신의 안정된 미래를 꿈꾼다. 정치인은 자기 보호 본능으로 영혼을 팔아서는 안 된다. 진실이 영혼이다. 속한 집단에서 소수파로 전락하고, 대중의 비난과 공격이 예상되더라도 용기를 가져야 한다. 정치인의 용기란 열린 마음으로 수용한 다양한 가치로 학습된 자신의 진실된 의견을 말하는 담대함이다.

그런 정치인들이 많아야 풀리지 않는 문제들이 풀리기 시작한다. 한 사람의 정치인이 문제를 풀 수는 없다. 다양한 관점과 가치에서 다양한 의견을 말하는 정치인들의 진실한 말과 말이 만날 때 정치의 힘이 발휘된다. 정치는 찾아가는 것, 만나는 것, 듣는 것, 말하는 것이다. 정치적 문제를 푸는 것은 정치적 방법밖에 없다. 신념이 다르고, 생각이 다르고, 스타일이 다르고, 가치가 다르다는 이유로 외면하고, 무시하고, 비난하고, 공격하는 것은 정치가 아니다. 그건 유치원생들보다 못한 생각과 행동이다. 정치란 상호작용하고 싶지 않은 사람과의 상호작용이다. 더 많은 사람들, 더 많은 가치들, 더 많은 기회들을 위해 정치인은 싫어하는 사람 위주로 만나 이야기를 나누어야 한다. 만약 이런 정치적 행위를 게을리한다거나, 정적이라는 이유로 비난하고 공격하는 행위만 일삼는다면 그건 전체주의로 가는 신호탄임을 알아야 한다.

　누군가를 공격하고 비난하는 가장 쉬운 문제 해결처럼 보이는 방법을 쓰고 있다면 그 사회의 위험인물임을 알아야 한다. 뇌과학적으로 보면 누군가를 비난하고 공격하는 일은 쾌락중추를 자극한다. 도파민이 분비되어 점점 중독된다. 그래서 독일 국민들은 히틀러를 전폭적으로 지지했다. 공격과 비난의 정치, 무책임의 정치, 고립의 정치, 서로 대화하지 않는 정당간의 반목은 전체주의의 싹이다. 대중에 의해서 전체주의를 극복할 수도 있고, 전체주의로 빠져들 수도 있다. 나와 다른 사람을 비난하고 공격하는데서 쾌락을 찾을 것인지, 싫은 사람이라도 그들도 나와 같은 인간이라는 마음으로 소통하고 도움을 주고받는 데서 쾌락을 느낄 것인지, 중대한 선택이 필요한 시대다. 정치인, 국회의원부터 선택해야 한다.

05

현실문제 해결하기

세금이 없으면 국가도 없다

"내가 곧 국가다."라는 말로 유명한 프랑스의 루이 14세는 유럽 역사상 가장 오랫동안 왕위에 앉았던 인물이다. 그는 무려 74년 동안 프랑스를 통치했다. 1715년 죽어가던 루이 14세는 이런 말을 남겼다고 전해진다. "나의 전철을 밟지 마라. 나는 전쟁을 가볍게 여기고 허영심 때문에 전쟁을 수행한 적도 많았다. 나 같은 왕이 되지 말고 평화를 사랑하며, 백성의 고통을 덜어주는 데 최우선을 두고 왕으로서 역할을 수행하기 바란다."

도미닉 프리스비(Dominic Frisby)가 쓴 《세금의 세계사》를 보면 루이 14세 이후의 프랑스 역사를 세금 관점에서 다음과 같이 잘 설명하고 있다. 좀 긴 인용이지만 세금의 과거, 현재, 미래를 이해하는데 도움이 될 것이다.

루이 14세가 죽고 난 뒤 상세히 조사해보니 프랑스 왕실 재정은 엉망이었다. 그가 사망한 후 잠시 동안 그의 유지가 잘 지켜지는 듯했으나 곧 연이어 전쟁이 발발했다. 1740년대에는 오스트리아 왕위계승 전쟁이 발생했고 얼마 안 있어 터진 7년 전쟁에서 패하여 아메리카 식민지를 영국에 넘겨주고 프랑스 해군은 괴멸했다. 당시 아이러니한 것은 부패와 무능, 모순으로 점철된 프랑스가 불공정한 세금 때문에 발발한 미국 독립혁명을 지원하다 프랑스 혁명을 자초했다는 점이다. 프랑스는 가장 많은 세금을 부과하는 국가였지만 영국처럼 무역대국도 아니었고 초기 산업혁명 시대 같은 생산성 증가도 없어 세금을 감당하기 어려웠다.

프랑스에는 우선 보유한 토지의 면적에 따라 각 가정에 부과되는 타유(taille)라는 세금이 있었다. 인두세가 있었고, 어려워진 국가재정에 도움을 주고자 일회성으로 부과된 소득세인 방티엠므(vingtième)가 있었다. 또한 농민들은 교회에 십일조 헌금을, 영주에게도 세금을 내야 했다. 봉건적 시스템이 아직 존재했으므로 농민은 재산을 불리기 어려웠고 토지 소유주로서 완전한 권한을 갖지도 못했다. 물품세와 옥트르와(octroi)라는 통과세가 있었다. 프랑스 해안을 통한 밀수는 원천봉쇄가 어려웠으므로 대신 내륙 도시로 물품이 들어올 때 부과했던 것인데 당연히 농민들에게 부담이 되었다. 파리 성곽 안쪽에 이중으로 성벽을 쌓아 옥트르와를 징수하여 탈세를 예방하였다. 프랑스혁명이 발발했을 때 이 내벽은 가장 먼저 파괴된 건축물 중 하나였다.

가벨(gabelle)이라는 소금세는 시민들이 가장 증오했던 세금이다. 특권층은 면제되었지만 서민은 실제 소금 가격의 10배를 세금으로 내야 했다. 각 가정은 인위적으로 부풀려진 가격으로 최소량을 구입해야 했는데 그 양이 각 가정의 평균 사용량보다 훨씬 많았다. 하지만 규정상 소금은 다른 사람에게 공짜로 나누어 주어서도 안 되고 보관했다가 다음 해에 사용해서도 안 되었다. 결국 다음 해에는 소금을 또 구입해야 했다. 고기나 생선을 염장하기 위해 소금이 필요할 때는 소금 취급소의 허가서를 받아 세금을 더 내고 구입해야만 했다. 그게 싫어서 많은 사람들이 염장 보관을 하지 않았다.

배 등을 포함해 움직이는 모든 것에 세금이 붙었다. 이 품목들이 프랑스에서 얼마나 대중적인지는 잘 알 것이다. 어느 때는 포도주에 다섯 가지 세금이 붙은 적도 있었다. 가지에 매달린 포도, 수확한 포도, 숙성 중인 포도주, 수송 중인 포도주 그리고 판매 중인 포도주에 각각 세금이 부과되었다. 맙소사! 다른 곳도 아닌 프랑스에서! 농부들은 대신에 사과주를 마셨다.

프랑스에서는 세금징수 업무를 세수조합에 외주를 주었다. 그들은 너무 의욕에 넘쳐 세금을 징수할 때 협박을 일삼았다. 효율성을 높이기 위해 세수조합은 전국을 몇 개의 구역으로 나눈

뒤 자신들의 지부를 활용하여 전국적인 조직을 결성하였고, 나중에 정부는 채무상환에 이 조직을 활용하였다. 세금징수는 엄청난 수익이 나는 장사여서 징수원 중 앙투안 크로자(Antoine Crozat)라는 사람은 아메리카 대륙의 프랑스령 루이지애나를 소유할 정도로 부자였다.

지방관리들이 세금을 거둬 재무관리인에게 보내면 그는 총괄관리인에게 보내고 다시 그는 왕실관리인에게 보냈다. 중간에서 무슨 일이 발생할지는 충분히 짐작할 만하다. 장부 정리 수준이 뒤떨어진 탓에 왕실관리인은 금액이 맞는지, 중간에서 얼마나 빼돌렸는지 알 방법이 없었다. 어느 날 왕이 세수입이 왜 이리 적냐고 물어보자 한 귀족이 얼음 한 조각을 모든 참석자의 손을 거쳐 왕에게 전달시켰다. 왕의 차례까지 왔을 때는 다 녹고 아무것도 없었다.

법을 강제하고 만연한 밀수를 막기 위해 광범위하고 체계적인 감시가 이루어졌다. 조사관들은 아무 예고 없이 가택수색을 할 수 있었다. 협박도 빈번했다. 볼테르(Voltaire)는 소금세가 징수되는 장면을 다음과 같이 묘사하고 있다. "세금징수 대행업자의 행동대원 50명이 떼를 지어 다니며 모든 마차를 세워 검문하고 사람들의 주머니를 뒤지며 왕명이라는 핑계로 각 가정으로 무자비하게 쳐들어가면서 거치적거리는 것은 무엇이든 다 부숴버

리니 농부들이 뇌물을 주지 않을 수 없었다.

그 많은 종류의 세금을 거의 한 푼도 내지 않는 계급은 성직자와 귀족 두 계급이었다. 성직자는 5년에 한 번 무상기부를 할 수 있었으나 강제성이 없었다. 귀족은 주군에 대한 봉사와 전쟁에서 흘리는 피로 세금을 대신했다. 그 결과 귀족의 신분이나 관료직 또는 세금이 면제되는 지위를 돈으로 사고 파는 사업이 출현했다. 세금을 개혁하려는 모든 노력은 번번이 귀족이라는 계급의 벽에 부딪혀 무산되었다.

국가의 구성원은 모두 세금을 낸다. 어떤 사람에게 세금에 무척 민감할 수 있고, 어떤 사람은 그렇지 않다. 대체로 큰 부를 이룰 사람일수록 세금에 민감하다. 내어야 할 세금이 많아서 그럴 수도 있고, 돈의 유출입에 민감한 유전자를 타고 나서 그럴 수도 있다. 세금은 납세자인 국민에게 민감하고 중요한 문제다. 그래서 내가 가지고 있는 돈은 삶의 기회다. 기회를 상징하는 것이 아니라, 실질적인 기회. 돈을 쓸 때는 항상 기회비용을 생각한다. 같은 돈이라도 'A에 소비하는 것이 좋을까? B에 소비하는 것이 좋을까?'를 고민할 때 기회비용을 생각한다. 그래서 기회비용이 적은 쪽으로 소비를 결정한다. 우리는 그런 결정을 현명한 소비라고 말한다. 세금은 기회비용이 크다. 돈을 어딘가에 지불

하면 물건이든 서비스든 신용이든 반대급부가 생기는데, 세금은 반대급부가 없다. 그냥 나간다. 그 돈으로 쇠고기를 사 먹고, 장바구니에 넣어 둔 가방도 살 수 있다고 생각하니 무척 아깝다. 그래서 대부분의 사람은 세금 내는 걸 탐탁지 않게 생각한다. 한 국가의 정부가 존재하 할 수 있는 현실적 이유는 대중의 탐탁지 않은 마음의 결과물인 구성원들의 세금 덕분이다. 많고 적은 온갖 세금들이 티끌처럼 모여 태산을 이루는데, 바로 그 돈으로 정부가 운영된다. 만약 세금이 없다면 정부라는 개념은 성립할 수 없다.

먹는 문제가 해결되지 않으면 살 수 없으니 개개인에게 돈은 숨을 쉴 공기와 같다. 공기가 없으면 인간은 죽는다. 인간뿐 아니라 숨 쉬는 동물은 다 죽는다. 너무나 당연한 사실을 우리는 종종 잊고 산다. 환경문제는 미래 세대에 관한 것이 아니라, 지금 당장 혹은 좀 더 나이가 들었을 미래의 내가 생존하느냐 죽느냐의 문제다. 어떤 이들은 지구온난화의 문제나 방사능 오염의 문제가 당장 현실의 문제가 아니라며 자신은 현실적 주제를 좋아한다고 말한다. 기후변화로 발생된 폭우로 집이 침수되고 갈 곳을 잃어 체육관 등지에서 숙식을 해결하며 생활하는 사람에게 최근 부동산 경기 부양이 현실적 주제일까? 사생활을 보호할 수 있는 텐트라도 하나 제공하는 것이 현실적 주제일까? 현실적이라는 말은 조건과 상황에 따라서 달라진다. 상황에 따라서 나와 상관없는 지구온난화의 문제가 나의 가장 중요한 현실문제가 되기도 하고, 고층 아파트 거푸집이 붕괴되었다는 뉴스는 어떤 이에게는 코로나 확진자 숫자 보도처럼 의미 없는 정보가 되기도 하지만, 어떤 이에게는 삶이 송두리째 날아가는 날벼락 같은 현실문제일 수 있다. 삶의 치명적인 문제는 공기처럼 당연하지만 잊고 사는 것에서 시작된다. 국민의 소중한 세금이 어떻게 쓰이는지 관심을 가져야 하는 이유다.

세금의 사용을 결정하는 '투표'

　세상에는 공짜가 없다. 아니 모든 행동에는 나름의 이유가 있다. 물론 인간은 아무 이유 없이 뭔가를 생각하고 무언가를 하기도 한다. 하지만 경제적 행위, 그중에서도 돈을 쓰는 행위는 대부분 나름을 이유가 있다. 돈을 쓸 때도 이유가 있고, 돈을 벌 때도 이유가 있다. 다른 사람이 내게 주려고 지갑을 열 때는 나름의 이유가 있기 마련이다. 돈을 쓰는 행위, 즉 상품을 구매하는 것과 같은 경제적 행위는 삶에 도움이 될 거라고 판단될 때 이루어진다.

　다른 나라에 비해 상대적으로 많은 세금을 내는 북유럽 국가의 사람들은 세금을 내는 행위가 자신에게 도움이 된다는 생각을 가지고 있다고 한다. 부양받고 보호받아야 할 자신들의 가족에게, 혹은 그와 비슷한 처지에 있는 이들, 혹은 '미래의 나'를 위해 세금이 쓰여진다는 믿음이 있다. 또한 더 살기 좋은 사회를 만들기 위해 직간접적으로 세금이 쓰여진다고 믿기 때문에 당장은 아까워도 주위의 누군가, 혹은 미래의 나를 위해 세금을 낸다.

　좋은 국가란 국민의 세금을 잘 쓰는 국가다. 내가 낸 세금이 굳이 필요 없는, 별로 보기 좋지도 않은 보도블록을 새로 교체하는데 쓰인다고 하면 세금을 낼 사람들이 별로 없을 것이다. 오랜 세월 동안 국가 권력은 세금에 대한 국민의 거부감을 줄이기 위해 고심했다. 획기적인 발명품이 간접세다. 간접세는 일종의 '대납제도'다. 쉬운 예를 들어보자. 내가 오후에 꼭 처리해야 할 일이 있는데 잠이 온다. 근처 카페에 가서 5,000원짜리 커피를 한 잔 사 먹었다. 이때 커피값 5,000원 중 4,500원을 카페 사장에서 지불한 후 구청으로 직접 찾아가 5,000원짜리 카페 영수증을 보여주며 500원을 세금으로 낸다고 생각해 보자. 물건을 구입할 때마다 구입 금액의 10%를 소비자가 직접 납세를 하는 시스템이다. 어떤 일이 벌어질까? 거부감과 번거로움 때문에 민란이 일어날지도 모른다.

　간접세는 소비자가 직접 세금을 내지 않고, 물건 값에 세금을 포함시켜 팔고, 물건을 판 사람이 소비자를 대신해서 한꺼번에 세금을 내어주는 시스템이다. 물건 값에 이미 세금이 포함되어 있으니 소비할 때마다 세금을 내는 것과 같고, 소비자는 번거롭게 세금을 따로 낼 필요가 없다. 정부의 존립에 가장 큰 걸림돌은 조세저항이다. 세금을 걷을 수 없으면 정부는 아무것도 못한다. 조세 저항을 줄이는 방법은 두 가지다. 간접세처럼 국민들이 잘 인지하지 못하게 세금을 걷는 시스템을 만드는 방법이 있고, 세금을 좋은 일에 제대로 쓰는 것이다.

돈은 쓰임으로 인해 가치와 효용이 생긴다. 세금을 어떻게 걷을 것인가의 문제보다는 세금을 어떻게 쓸 것인가의 문제가 항상 더 중요하다. 조세 저항을 줄이고 세수를 확보하는 가장 좋은 방법은 세금을 다수 국민들을 위해 잘 쓰는 것이다. 세금은 예산이라는 이름으로 쓰여진다. 대부분의 입법은 예산을 쓰는 문제와 직결된다. 좋은 정치한다는 것은 결국 돈을 어떻게 쓰는가의 문제다. 세금이라는 이름으로 모여진 나의 돈 말이다.

국민의 돈을 걷을 때는 세금, 쓸 때는 재정이라는 말을 한다. 재정의 효율적 집행을 위해 우리나라는 예비타당성 제도(예타)를 운영하고 있다. 예타는 많은 예산이 투입되는 사업은 신중하게 접근해 예산 집행의 효율과 가치를 높이는 것이 목적이다. 하지만 현실에서의 예타는 예산 편성권이 있는 관련부처에서 많은 예산이 투입되는 사업에 대한 책임을 회피하기 위한 제도로 악용되기도 한다. 또한, 예타는 사업부서에서 일하는 공무원의 창의력을 저하시키기도 한다. 기획재정부가 독점하고 있는 예산제도의 개편을 통해 예타를 폐지하는 것이 예타의 도입 취지인 예산의 효율적 집행에 더욱 부합한다는 사실은 우리 시대의 아이러니다.

입법조사처 재직 시절 예타 관련 보고서를 몇 차례 작성한 적이 있다. 몸담은 입법조사처의 정치적 중립이라는 포지션 때문에 나의 뜻과 무관하게 피상적 개선방안만 제시하곤 했다. 현실에서의 팩트는 중립적이라기보다는 편향적이다. 돌이켜보면 '왜 좀 더 팩트 중심의 의견을 적극적으로 말하지 않았을까.'라는 생각에 반성하고 스스로 돌아보게 된다.

국민이 투표를 하고 정치에 관심을 가진다는 것은 국민의 돈을 어떻게 쓸 것인지 관심을 가지는 일과 같다. 선거에서 특정 후보에게 투표를 한다는 것은 내가 국가에 준 돈을 어떻게 쓸 것인지 결정하는 일과 같다. 600조가 넘는 대한민국의 1년 예산을 5천만 명으로 나누면 1인당 평균 1,200만 원이다. 갓난아이처럼 소비행위를 전혀 하지 않고 세금을 한 푼도 내지 않는 사람도 있고, 엄청난 돈을 세금을 내는 사람도 있고, 조금 내는 사람도 있다. 대한민국 국민으로 산다는 것은 일 년에 평균 1천만 원 정도의 돈을 정부에 내고 있다는 뜻이다. 일 년에 10만 원도 누군가에게 기부하기 힘든 세상에 돈이 어디에 쓰이는지도 모르고 묻지도 따지지도 않고 천만 원씩 돈을 낸다는 것은 보통 일이 아니다. 아까운 내 돈이 어떤 목적으로 어떻게 쓰이는지 두 눈 부릅뜨고 관심을 가져야 한다. 바로 정치에 관심을 가져야 하는 이유다.

정치는 입법부, 행정부, 사법부와 직간접적으로 연결되어 있다. 내 돈이 어떻게 쓰여야 하는지에 대한 생각은 제각각 다르다. 그 다른 생각들을 듣고, 모으고, 조정하며, 귀한 국민의 돈이 가치 있게 쓰이도록 좋은 규칙을 만드는 것이 국회의원들의 일이다. 그러려면 국민과 대화해야 한다. 선거철만 되면 어묵을 먹고 거리를 걸으며 인사를 하는 것이 정치인의 일이 아니다. 국민들의 이야기를 들어야 한다. 요양원에서 정신이 오락가락하는 할머니의 이야기도 듣고, 학교 현장에서 교사 생존권을 말하는 신규 교사의 이야기도 듣고, 지역 유지의 허풍 섞인 번지르르한 이야기도 듣고, 범죄자의 이야기도 듣고, 법 없이도 살 소심하고 착한 사람들의 이야기도 들어야 한다. 뭔가 할 말이 있다고 하면 사람과 내용을 가리지 말고 들어야 한다. 국회의원의 일은 듣는 것부터 시작된다. 판단을 한 상태에서 듣는 것은 금물이다. 들으면서 판단하는 것도 금물이다. 들을 때는 듣는 데만 집중해야 한다. 들으면서 대답을 생각해서도 안 된다. 오로지 듣는데 집중해서 들어야 한다. 이야기를 다 듣고 난 뒤에 떠오르는 이야기를 진실하게 하면 된다. 할 말이 없으면 굳이 말을 하지 않아도 된다. 공부를 하고 검토를 해서 며칠 뒤, 몇 주 뒤에 대답을 해도 된다.

　좋은 법을 만들기 위해서는 '톱다운 방식'은 곤란하다. 밑에서부터 정보를 수집하고, 수집된 정보를 분류하고 정리하며 문제를 정의한다. 문제 해결에 필요한 정보들을 모으며 대안을 마련해 간다. 타당성을 검토해서 실효성이 있다 판단되면 다시 주민들과 공유해서 보완 의견을 듣는다. 이 과정에서 서로의 입장차이, 가치의 차이 등을 조정한다. 조정의 기준은 공공의 가치다. 더 많은 사람의 삶의 개선되는 쪽으로 무게 중심을 둔다. 특정인, 특정 집단의 이해, 공개할 수 없는 정치적 판단이 아닌 다양한 의견을 공개적으로 주고받는 방식으로 간극을 줄여간다. 너무나 당연한 방법이다. 이 당연함이 잘 구현되지 않는 것은 두 가지 이유다. 첫째, 힘을 가졌다고 생각하는 사람들이 국민을 대수롭지 않게 여기기 때문이다. 그러면 안 된다. 국민 평균 1천만 원 정도의 돈을 내는 것이니, 그 정도로 경청해서 말을 들어주고, 힘들지만 의견을 좁히기 위한 노력을 아끼지 말아야 한다. 둘째, 국민 스스로 자신의 정치적 권리를 생각하지 않는다. 국민의 정치적 권리를 되찾아야 한다. 더 나은 세상을 만드는데 관심을 가져야 하는 시민으로서의 권리이자 책임이 있다는 것을 정치권에서 적극적으로 국민들에게 알리고 설득해야 한다.

　국회의원의 일은 자기중심적이어서는 안 된다. 자신을 지지하는 사람을 늘리고, 뽑아 달라고 호소하는 것은 자기중심적 접근이다. 대부분 정치인들이 자기중심적 생각과 행동을 하니 국민들은 냉소적으로 바라본다. 자신과 의견이 다른 사람 중심으로 먼저 다가가 이야기를 듣고, 다양한 이해관계를 조정해 공동이 합의된 규칙을 만드는 것이 입법권을 가진 사람들의 일이다. 무엇보다 중요한 것은 입법권을 가진 국회의원 자신이 국민의 일을 대신하는 대리인이라는 사실을 기억해야 한다. 이 모든 활동이 국민의 세금으로 이루어지니, 자신의 귀중한 돈을 쓰듯 공공의 가치를 늘리기 위해 힘써야 한다. 국회의원은 자신, 혹은 자신이 속한 집단을 위해 일하는 사람이 아니다. 불특정 다수의 국민, 자신과 의견을 달리하는 사람들을 위해서 일해야 한다. 그래야 사회 갈등이 줄어들고 세금을 의미 있게 쓸 수 있는 좋은 규칙들을 만들 수 있다. 인당 1천만 원씩 내는 세금을 생각한다면, 이런 국회의원의 태도는 최소한의 양심이다. 정치의 생명은 인간적 양심이다.

대안을 위한 노력은 책임에서부터

실패하지 않는 사람은 없다. 삶은 실패의 토양에서 자라는 풀이다. 실패의 관점에서 나쁜 사회와 좋은 사회는 어떻게 나뉠까? 실패에 대한 책임을 오직 '자신'에게 돌리도록 강요하는 사회는 결코 좋은 사회가 될 수 없다. 책임을 져야 할 사람들은 점점 무책임해지고, 책임지지 않아도 될 사람들은 죄책감 때문에 괴로워하는 사회는 점점 더 좋은 사회에서 멀어진다.

독일에서 활동하는 철학자 한병철 교수는 자신의 책 《사물의 소멸》에서 번아웃 증후군과 우울증이 우리 시대를 대표하는 질병이라고 주장하면서 그 이유를 '신자유주의적 성과사회에서 실패하는 사람은 사회나 시스템에 의문을 제기하기보다는 자기 자신에게 실패의 책임을 돌리고 부끄러움을 느낀다.'라고 말한다.

번아웃 증후군은 글자 그대로 '불 타서 없어진다.'는 뜻으로 어떤 일을 하는 사람이 과도한 스트레스로 인해 극도의 피로감을 느끼면서 탈진에 이르는 상태를 말한다. '할 수 있음'의 긍정성을 내면화한 주체들은 자신을 하얗게 불태우는 데까지 나아가기를 주저하지 않기 때문에 '번아웃'이라는 소진 상태에 닿기 쉬우며, 자기 소진과 그로부터 야기되는 무기력증을 자신의 능력 부족과 결함 탓으로 돌리기 때문에 우울의 늪으로 빠지는 것을 피할 도리가 없다는 것이다.

흔히 자신의 삶보다 직장과 일을 우선시하는 사람을 '워커홀릭'이라고 한다. 업무에 따른 책임감과 성취감을 느끼기 위해 자발적으로 워커홀릭이 된 사람도 존재하지만, 상당수의 사람들은 과도한 업무량에 의해 비자발적으로 워커홀릭이 된다고 한다. 오늘날의 신자유주의적 자본주의는 무한한 '성과'의 생산을 지향하는 사회일 뿐 아니라, 모든 것에 가격을 매겨서 비교 가능한 대상으로 만들고 손쉽게 처분할 수 있는 상품으로 전시해 끝없는 구매 의사를 양산하고 취사선택을 종용하는 '소비사회'이기도 하다. 그리고 그가 보기에 총체적인 소비사회로서의 오늘날의 자본주의를 지탱해주는 핵심적 매체가 바로 '스마트폰'이다. 우리들이 한시도 스마트폰에서 손가락을 떼지 못하며 그것에 붙들려 있는 것은 우리 삶이 얼마나 철저하게 자본주의적 지배 질서에 붙들려 있는지를 보여주는 증거다. 무엇을 해야 하는 것일까?

1930년대에 미국 프레리 대초원을 뒤덮었던 황진현상(dust

bowl)은 모래폭풍으로 인해 엄청난 농토가 불모지로 변한 사건이다. 황진현상의 피해에 대해서는 존 스타인벡(John Steinbeck)의 소설 《분노의 포도(The Grapes of Wrath)》에 생생하게 묘사되어 있다. "흙먼지는 아침에도 안개처럼 허공에 떠 있었다. 태양은 핏방울처럼 붉었다. 하루 종일 흙먼지가 조금씩 하늘에서 떨어져 내렸고, 다음날에도 계속해서 먼지가 떨어져 내렸다. 폭신한 담요가 땅을 덮고 있는 것 같았다. 옥수수 위에도, 울타리 기둥의 꼭대기에도, 전선 위에도 흙먼지가 쌓였다. 잡초와 나무도 담요를 덮은 것 같았다."

원인은 수 세기 동안 초원의 주인이었던 아메리카 야생들소를 몰아낸 사건으로부터 시작되었다. 1억 마리에 육박하던 버팔로를 조직적으로 학살해 멸종 직전까지 몰아갔고, 버팔로의 먹이인 프레리 초원의 풀을 무분별하게 갈아엎어 경작지로 만들었다. 오랜 세월 유지되던 생태 시스템이 파괴된 것이 황진현상의 주요 원인이었다. 여기에 정책의 실패가 더해졌다. 너무 작은 단위로 평원을 구획해서 농부들이 경제적으로 자립할 수 없었다. 그 결과가 이와 같은 재앙으로 이어졌던 것이다. 지나치게 작은 단위로 구획을 나누었기 때문에 농부들은 집약 농업을 해야 했다. 대초원에 자리 잡은 2만 곳 이상의 농가에서는 당연히 생계에 도움이 되는 방식을 택했다. 농작물을 빽빽하게 심은 결과 바람에 의한 침식이 가속화되었고, 그 결과 피해는 더욱 커졌다. 휴경이나 목초지로 전환하는 것이 최선이었지만, 농부들에게는 그 정도의 여유가 없었다. 당시에 토양 침식을 예상했던 농가는 단 한 곳도 없었다. 흙의 입자를 '먼지'로 만드는 집약 농업을 이어가던 1930년대 초반에 가뭄이 찾아왔을 때, 계속된 집약 농업으로 인해 고운 입자로 변한 흙 알갱이들이 바람에 속절없이 날렸다. 결과는 앞서 말한 것처럼 참혹했다. 단위별로 농지를 합병해서 생태적인 재배방식으로 바꾸는 것이 상황을 개선할 수 있는 최선의 방법이었다. 하지만, 이와 같은 개선책은 지역 정치인들의 반대에 부딪혔다. 당시의 정치인들은 '소규모의 가족 농장'이라는 감상적인 생각에서 벗어나지 못했다. 무엇보다 자신의 지역구에서 유권자 수가 줄어드는 것을 우려했다.

시간이 흐르고 농지 합병이 이루어졌다. 1950년 이후에도 대초원에는 가뭄이 있었지만, 1930년에 있었던 참혹한 재해가 반복되지는 않았다고 한다. 이와 같은 사례는 우리의 생활방식이나 환경과 조건 등으로부터 비롯된 여러가지 문제들에 대해 시스템이 제대로 대응하지 못했을 때 어떤 일이 발생하는지를 잘 보여준다. 문제는 개인에게 닥친 위험이라고 하더라도 결코 개인적인 비극으로 끝나지 않는다는 것이다. 인류의 지난 역사는 우리에게 수많은 경고를 보내고 있다. 우리의 시스템은 끔

찍한 재앙이 닥치고 위협을 맞닥뜨리는 다급한 상황이 되었을 때에야 비로소 대응을 시작했다. 과거에 비해 훨씬 많은 정보를 보유하고 있으며, 이를 바탕으로 더욱 조직화된 대응 체계를 마련하고 있다. 하지만, 아직 우리 눈앞에 닥치지도 않았고 모습을 드러내지도 않고 있는 위협들이 여전히 존재하고 있다. 무엇이 최선인 것일까?

옥스팜에서 발간한 《2022년 세계 불평등보고서》에 따르면 코로나 펜데믹으로 인해 전 세계 99%의 소득은 줄었으나 세계 10대 부자의 부는 두 배로 불어났다고 한다. 또한, 1980년에서 2020년 사이 국가 내부 상위 10%와 하위 50%의 소득격차는 평균 8.5배에서 15배로 늘어났다고 한다. 불평등을 줄이고 약자에 관심을 가지고, 북극곰에 관심을 가져야 하는 이유는 그들을 위해서가 아니다. 나를 위해서다. 세상의 불길이 점점 거세지는 것 같다. 프레리 대초원을 경작해서 더 많은 사람들이 배불리 먹고 잘 살게라도 되면 불행 중 다행일지 모른다. 결국 한두 명의 사람이 초원 전체를 경작하게 될 것 같아 걱정이다. 그 다음은 폭풍이다. 판로가 사라진 수확이나 모래폭풍은 자멸이란 점에서 똑같다. 풀은 이용가능한 지구 에너지의 토대다. 태양 에너지를 동물이 흡수할 수 있는 음식으로 만드는 시작점이기 때문이다. 자신을 풀이라 여기든, 버팔로라 여기든, 노동자라 여기든, 자본가라 여기든, 둘 사이의 어정쩡한 종사자라 여기든 집 밖이 떠들썩하면 사고가 나지는 않았는지 불이 나지는 않았는지 관심을 가지고 집밖으로 나가는 사람이 되어야 한다. 그렇지 않으면 공멸할지도 모른다.

우리는 살아가면서 여러 문제를 만난다. 뉴스에서 만나는 정치인들의 한심한 말과 행동, 분노가 치밀어 오르는 사건, 안타까운 사고는 일상의 디폴트값이다. 살아가는 매일매일 사적 영역, 공적 영역에서 끝없이 문제가 생긴다. 세상의 문제이든 나의 문제이든 우리는 문제와 대면해야 한다. 문제와 대면하고 문제를 풀어나가는 것은 살아 있는 존재의 공통된 운명이다. 좋은 대학을 가고, 좋은 직업을 가지기 위해 삶을 갈아 넣고, 나만의 보금자리 마련을 위해 'N잡러'가 되어 수면부족에 시달리며 재테크를 하는 것이나 물과 먹이를 갈망하는 찾아 꿈틀거리는 지렁이의 몸짓이나 본질은 똑같다. 살아 있는 존재는 각자의 삶에 닥친 문제를 해결하기 위해 최선을 다한다. 어떤 사람들은 치열한 노력 끝에 결국 절망에 빠져 스스로 목숨을 끊고, 어떤 사람은 시작도 해보지 않을 채 절망에 빠져 무기력한 일상을 보낸다.

삶을 살아가는 대부분의 사람은 자신의 삶에 책임을 지려한다. 책임을 지는 방식이 다양할 뿐이다. 어떤 이는 남을 비난함으로써 책임을 돌리려 하고 어떤 이들은 절망과 자살의 충동에 시달리며 책임을 지려한다. 정작 책임을 져야 할 사람들이 책임 지지 않고, 책임질 필요가 없는 사람들이 책임지는 현상이 반복 되면 그 사회는 붕괴의 길로 들어선다. 책임져야 할 자리에 있는 사람들은 그에 상응하는 권한과 금전적 대가를 받는다. 변화는 권한과 책임을 가진 사람들이 주도적으로 나설 때 가능하다.

사회적 문제가 되는 일이나, 사건 사고가 터지면 언제부터인 가 실무자들이 책임을 지는 이상한 현상이 확대되고 있다. 학폭, 진상학부모 등 학교에서 발생하는 골치 아픈 문제들은 학교의 관리자가 책임지고 해결해야 할 일이다. 그런 일을 하라고 관리 자가 있는 것이다. 선진국은 교사는 수업에 집중하고, 수업 외의 일에 대해서는 관리자를 중심으로 책임지고 문제를 해결하는 시 스템이 구축되어 있다. 한국의 경우는 온갖 문제 해결의 책임을 개별 교사에게 돌린다. 학교의 관리자는 골치 아픈 일이 생기면 최우선적으로 생각하는 것이 있다. 문제가 커지지 않게, 그 문제 가 자신에게 불똥이 튀지 않도록 최선을 다하는 것이다. 이런 책 임회피의 태도는 교육청, 교육부뿐 아니라 거의 모든 기관의 공 통적 현상이다. 책임져야 할 사람들이 책임지지 않으니 실무선 에서도 책임을 갖고 일하지 않는다. 실무자들은 위에서 시키니 까 하는 것이고, 윗선은 최대한 책임을 지지 않는 쪽으로 의사결 정을 한다. 그러다보니 어디에서 복사해서 붙여 넣은 듯한 똑같은 대안만 무한 반복된다.

신입사원 채용을 할 때 면접관이 "만약 하는 일에 큰 문제가 생기면 어떻게 하시겠습니까?"라는 질문을 던졌을 때, 지원자의 대답이 "사표를 쓰겠습니다."라는 대답하면 뽑지 않는다. 기업은 문제 상황에서 문제를 해결할 수 있는 사람을 채용하지, 문제를 회피하는 사람을 뽑지 않는다. 그렇기 때문에 한심하고 어이없는 대답이다.

정치권에서 툭하면 책임을 지고 사퇴한다는 말을 한다. 사퇴는 책임을 지는 것이 아니라, 책임을 회피하는 일이다. 이 사회에서 치열하게 최선을 다해 살아가는 절대 다수의 평범한 사람들은 자신의 삶에 책임을 진다는 무거운 부담감을 줄여야 한다. 진짜 책임져야 할 사람들이 그들의 일에 책임을 져야 한다. 국민의 돈, 세금을 쓰는 사람들이 가장 큰 책임을 져야 할 사람들이다. 책임을 진다는 것은 대안이 보이지 않아도 끝없이 현실적인 좋은 대안을 찾기 위해 노력하는 태도다. 툭하면 상대를 공격하고 비난하는 태도는 책임지는 사람의 모습이 아니다. 그건 책임을 회피하는 가장 쉬운 방법이다. 국민은 책임을 회피하는 말과 행동을 하는 사람을 걸러야 한다. 대안을 찾기 위해 노력하지 않고, 누군가를 비난하고 공격하는데 에너지 대부분을 쓰는 사람이 바로 그들이다.

문제 해결, 그리고 리누스의 법칙

암에 걸린 사람에게 패스트푸드를 많이 먹어서 그렇다며 비난하는 사람과 빨리 나을 수 있도록 도움을 주는 사람, 둘 중에 어떤 사람이 되어야 하는지에 대해 서로 논쟁하며 삶을 허비하는 사회가 되어서는 안 된다. 할로윈 축제에 대한 개인적 선호로 문제를 재단하는 것 같은 왜곡된 차원 축소의 태도가 많이 보인다. 일을 통해 배우려는 마음이 없는 사람은 일을 하면 안 된다. 특히 공적인 일이 그렇다. 정부는 국민의 안전과 행복에 책임을 져야 한다. 그 대가가 세금이다.

정치인은 문제를 제기하는 사람이 아니다. 문제를 해결하는 사람이다. 일이란 문제를 정의하고 해결하는 과정이다. 신입사원이든 대통령이든 똑같다. 일을 일답게 하는 사람이 되어야 한다. 일을 일답게 한다는 것은 문제를 정확히 정의하고 더 많은 사람의 삶을 개선하기 위해 문제를 해결하는 것이다. 일은 자신을 위해 하는 것이 아니라, 타인을 위해 하는 것이다. 타인을 위한 대가가 나의 이익으로 돌아오는 것이다.

책을 읽는데, 얼굴에는 근육이 50개가 있다는 설명이 나왔다. 정확하게 알고 싶어서 검색을 해 보았다. 네이버는 80개, 다음에는 43개라는 결과가 대부분이었다. 구글에서는 한글로 검색을 하면 역시 80개와 43개가 나왔는데, 영문으로 검색하면 42개와 43개, 그리고 평평한 근육 20개 등의 결과가 나왔다. 특이한 것은 네이버와 다음은 똑같은 설명이 반복해서 나온다는 점이다. 국내 포털은 같은 데이터소스를 다양하게 변주해서 보여주는 경향이 강하다. 반면, 구글은 소스가 좀 더 다양하다. 추측컨대 얼굴 근육의 개수가 20개에서 80개 사이로 다양하게 설명되는 이유는 특정 부위의 근육 덩어리를 부위별로 잘게 나누어 다른 근육으로 보는가, 통합해서 한 근육으로 보는가의 차이에 비롯된 것으로 보인다.

인간의 다양한 감정을 얼굴 그림으로 표현한다면 눈, 입의 단순한 패턴만 알아도 된다. 인간은 6개의 대표 감정이 있다고 한다. 눈과 입의 몇 가지 모양으로 이루어진 단순한 조합만으로 다양한 감정을 훌륭하게 표현할 수 있다. 경찰에서 몽타주를 그릴 때, 각 부위별로 10개의 선택 사항만 있으면 충분하다고 한다. 세상의 수많은 정보가 끝없이 밀려온다. 오늘 하루도 일하고 살아가려면 정보들을 잘 해석해야 한다. 가장 쉬운 방법은 단순화다. 머신러닝 알고리즘은 이런 과정을 차원 축소라고 부른다. 정보를 단순화시키면 빠른 시간 안에 본질을 파악해서 통찰을 얻기도 하지만, 잘못하면 인지 오류로 일과 삶을 망치기도 한다. 강원도가 지급보증을 철회한 결정, 사고 대응을 못했다고 해경을 해체한다거나, 할로윈 축제에서 일어난 사고의 원인을 축제 자체로 돌리는 것 등이 대표적이다. 이는 아이가 길에 서 있다가 사고를 당하면 왜 거기에 서 있었냐고 야단치는 것과 비슷하다. 여자가 왜 늦은 밤에 돌아다니냐며 사고 원인을 당사자에게로 돌리는 태도 역시 우리에게 익숙한 장면이다. 현실이 그러니 조심하는 것과 문제를 해결하는 것은 별개다. 이 둘을 구분하지 못하는 사람들이 많은 것 같다.

그림을 그릴 때는 차원 축소의 방법이 필요하다. 현실의 문제를 해결할 때도 차원 축소가 필요하다. 그림과 정치는 차이가 있다. 그림은 처음부터 차원 축소를 해도 그럴듯하게 그릴 수 있지만, 정치는 처음부터 차원 축소를 하면 현실의 문제를 해결하지 못한다. 일의 영역에서 차원 축소는 원칙과 기준이다. 현실의 일을 할 때 원칙과 기준은 양날의 칼이다. 원칙과 기준을 전면으로 내세우면 일하기는 편하지만, 문제를 해결하는 데는 도움이 되지 않는 경우가 많다. 적어도 문제를 해결하려는 마음이 있는 사람은 문제를 대할 때 자신의 오래된 원칙과 기준을 내세우기보다 공부하듯 일단 현실의 문제를 모두 받아들여야 한다. 모든 문제를 새롭게 받아들이고 복잡한 현실 변수 속에서 진짜 문제 해결에 필요한 차원 축소를 고민해야 한다. 그런 번거롭고 힘든 일을 하는 대가로 경제적 지원과 권한을 주는 것이다. 일을 일답게 하는 사람이 되어야 한다. 일을 일답게 한다는 것은 문제를 정확히 정의하고 더 많은 사람의 삶을 개선하기 위해 문제를 해결하는 일이다.

일은 자신을 위해 하는 것이 아니라, 타인을 위해 하는 것이다. 타인을 위한 대가가 나의 이익으로 돌아오는 것이다. 사건, 사고든 고질적인 사회 구조적인 문제든, 문제가 생겼을 때 너무나 쉽게 문제의 원인을 특정하고 그것만 없애면 다 해결될 것처럼 말하는 사람을 경계해야 한다. 예전 길거리에서 만병통치약을 팔던 약장수처럼 현실 문제를 단순화하여 자기 생각대로만 하면 다 해결될 것처럼 떠벌리는 사람을 조심해야 한다. 세상의 어떤 문제도 한 사람의 탁월한 생각으로 한 방에 해결되는 경우는 없다. 그건 현실을 무시한 관념 속에서나 존재하는 해법이다. 그런 그럴듯함에 속으면 안 된다. 현실의 문제를 해결하기 위해서는 겸손하고 진지하고 치열해야 한다.

무엇보다 문제를 잘 정의하는 능력이 있어야 한다. 문제를 잘 정의하는 능력은 자신의 의견과 관점이 다른 사람, 자신이 속한 집단과 다른 가치를 추구하는 집단 등 내 기준에서 이질성이 강한 사람들의 다양한 의견을 우선적으로 경청하는 능력이 필요하다. 이를 통해 확보한 다양성이 문제를 해결하는 밑거름이 되는 것이다.

이와 같은 방식으로 성공한 사례가 바로 컴퓨터의 운영체제 리눅스(Linux OS)이다. 리눅스 운영체제의 개발자는 리누스 토르발즈(Linus Torvalds)이다. 리눅스는 지금까지 세계 최고의 슈퍼컴퓨터 대부분에서 구동되고 있으며, 구글 안드로이드 운영 체제의 기반이기도 하다.

리누스의 법칙은 개발자인 리누스 토르발즈의 이름에서 따왔다. 이 법칙은 '보는 눈이 많으면 어떤 버그도 찾아낼 수 있다.'는 신념에 기초하고 있다. 사실, 버그는 개발자 한 명이 매달려서 고칠 수 있는 문제나 결함 같은 것이 아니다. 토르발즈는 문제를 많은 사람들에게 공개하는 방법을 통해 어떤 버그도 찾아낼 수 있었고, 결국 바위처럼 견고한 리눅스 기술을 개발했다. 리누스 법칙을 바탕으로 한 오픈소스 모델은 엄청난 성공을 거두었으며, 우리는 모두 그 혜택을 누리고 있다. 전 세계 인터넷의 어마어마한 부분이 오픈소스 소프트웨어로 구동되고 있으며, 우리의 정보가 매일 같이 떠다니는 인터넷 서버 또한 오픈소스 방식으로 운영된다. 리누스의 법칙은 다수의 참여가 어떤 과정을 거쳐 수준 높은 결과물의 창출로 이어지는지를 보여준다. 개인이나 조직이 민주적인 의사결정 방식을 선택해야 하는 이유가 바로 여기에 있다.

세상에는 다양한 사람들이 살아간다. 사람에 따라 한 대상에 대한 상반된 생각을 가지는 건 자연스러운 현상이다. 그래서 후쿠시마 오염수 방출을 찬성할 수도 있고, 반대할 수도 있다. 상황 또는 시간의 변화에 따라 똑같은 사람의 생각도 바뀔 수 있다. 야당일 때는 오염수 방출을 극렬하게 반대했던 정치인들이 여당이 되자 적극적으로 찬성할 수도 있다. 지난 생각과 발언에 대한 어떤 설명도 없이 그때그때의 생각을 변덕스럽게 말하는 건 표현의 자유를 보장하는 민주주의 국가에서 개인의 권리다. 대동소이한 상황인데도 불구하고 정권에 따라 극단적 반응을 보일 수도 있다. 곧 나라가 망한다는 뉴스로 도배를 할 수 있고, 이제야 나라가 제대로 돌아가고 있다는 뉴스로 도배를 할 수 있다.

언론의 사회적 책임보다 표현의 자유를 중시할 수도 있다. 하지만 정치와 언론은 감정 기복이 심한 사람이 카페에서 편안한 친구와 만나 아무 말 잔치나 하는 일과 다르다. 생각은 언제든 바뀔 수 있고, 더 나은 방향으로 바뀌어야 한다. 그래야 문제 해결을 위한 학습능력 있는 정치인이다.

정치와 언론은 공공성을 생각해야 한다. 정치도 언론도 공공재다. 정치인과 언론인은 공공의 가치를 위해 생각하고 말하고 행동해야 한다. 공공의 가치를 위해 살아간다는 신념이 정치인과 언론인의 마지막 자존심 혹은 자부심이 되어야 한다. 그들이 속한 집단 혹은 그들의 이해관계와 연결된 주체들을 위한 일이 공공성이라 착각하면 안 된다. 무엇보다 정치인과 언론인은 조직의 부속품처럼 시키는 일, 해야 할 일만 하는 영혼 없는 노예처럼 일하면 안 된다.

공공성 여부를 판가름하는 기준은 세상을 대하는 태도가 착취냐 포용이냐다. 착취는 비난, 배제, 혐오, 공격적 태도를 먹고 성장한다. 2023년의 한국 사회를 보는 다양한 시선이 있을 수 있다. 우리 사회가 예전에 비해 경제적으로 번영하고 살기 좋아졌다고 생각한다면 그 이유는 자신과 다른 사람들, 약한 사람들을 비난하고 공격하는 태도가 줄어들고 포용하고 존중하는 태도가 늘어났기 때문이다. 교육, 정치, 경제 영역을 중심으로 한국 사회가 점점 나빠지고 있다고 생각한다면 그건 자신보다 어려운 삶을 살아가는 사람들을 이해하고 그들과 연대하기보다는, 모든 것이 그들의 탓이라 믿으며 약자를 혐오하고 공격하는 태도 때문이다.

어떤 태도를 가지든 개개인의 자유이지만, 정치인과 언론인은 그래서는 안 된다. 정치인과 언론인의 언어가 비난, 배제, 혐오, 공격으로 물든 사회는 희망이 없다. 모든 영역이 그렇지만 특히 정치와 언론은 문제를 제기하는데 쾌락을 느끼기 보다는 문제를 해결하는데 가치를 두어야 한다. 문제 해결이 목표가 되어야지, 문제를 제대로 제기할 수 있다. 제대로 정의된 문제는 반드시 해결된다. 정치란 분노로 불꽃 튀는 사람들의 마음에 휘발유를 뿌려 자신의 지지율을 올리는 일이 아니다. 그런 방식은 히틀러의 정치였다. 공감과 연민의 태도로 모두의 마음을 헤아려 좌절과 분노를 희망과 포용으로 바꾸며 문제를 해결하는 일이다. 이런 마음을 가진 정치인이 다수 주류가 된다면 대한민국은 엄청난 잠재력을 발휘할 것이다.

에필로그

    요즘 가장 인기 있는 직업은 의사다. 서울대 공대생들도 반수, 재수를 해서 의대로 진학한다는 말이 심심치 않게 들린다. 평범한 사람들이 선택할 수 있는 직업들을 순위로 매긴다면 의사는 피라미드 꼭지점에 속하는 직업이다. 직업을 바라보는 여러 관점이 있겠지만, 대다수가 좋은 직업의 첫 번째 조건은 돈이라 여긴다. 의사는 누군가가 아프고 힘들어야 돈을 번다. 힘들게 공부하고 빚을 내어 어렵게 병원 개업을 했는데, 그 도시에 아픈 사람이 없다면 의사는 망한다. 다행히 인류 역사가 시작된 이래 아프지 않은 시대는 없었다.

    한 의사가 돈을 많이 벌기 위해 획기적인 아이디어를 떠올렸다. 파리만 날리던 자신의 병원에 환자들이 몰려오게 만들고 싶어서다. 들키지 않게 몰래몰래 사람들이 병에 걸리게 만드는 생각이었다. 말그대로 병 주고 약 주고다. 배탈 설사처럼 금방 낫는 병보다 암처럼 치료가 잘되지 않고, 수술에 성공하더라도 오래오래 병원을 찾을 수 있는 병이 좋았다. 그 의사는 틈만 나면 음식점, 카페, 백화점 등을 돌아다니며 사람들이 병에 걸릴 수 있도록 치명적으로 돈이 되는 바이러스를 뿌렸다. 잘 낫지 않는 골치 아픈 병에 걸린 사람들이 갈수록 늘어났다. 의사는 줄 서 기다리는 환자들을 치료하며 돈을 많이 벌었다. 사람들은 계속 아팠고, 의사는 계속 돈을 벌며 오래오래 행복하게 살았다는 것으로 이야기는 끝난다. 있을 수 없는, 말도 안 되는 이야기다. 의사는 그런 생각을 해서는 안 되기 때문이다. 의사뿐 아니다. 사람은 그래서는 안 된다. 아무리 돈이 없어 힘들어하고, 돈을 더 많이 벌고 싶어도 절대 해서는 안 되는 일이 있다.

다시는 병에 걸리지 않는 치료 방법이 있지만, 환자가 다음에 병원을 찾았으면 하는 마음 때문에 병의 뿌리를 뽑는 근본적인 치료를 하지 않는 의사는 어떨까? 그 사회의 모든 의사가 같은 방식으로 원인을 없애는 방식이 아니라, 현상의 문제만 해결하는 치료를 하고 있다면 어떨까? 오랜 경험으로 자리 잡은 눈가림만 하는 치료가 상식이라고 믿는 환자들이 많아질수록 원인 제거 방식의 새로운 치료 방법에 대한 거부감이 커진다. 익숙하지 않기 때문이다. 환자도 마찬가지지만, 무엇보다 자신들의 수입이 줄어드는 상황을 반기는 의사들은 많지 않을 것이다. 의사라는 특정 직업에 대한 문제를 제기하려는 것이 아니다. 인간은 누구나 자신에게 이익이 되는 쪽으로 생각하고 행동한다는 말을 하고 싶은 것이다. 이것이 대부분 사람이 믿는 경제학적 대전제인 '이기적 인간' 모델이다. 경제란 저마다의 이기적 동기가 엔진이 되어 돌아가는 거대한 시스템이라는 설명이다.

유럽에서는 벌써 사라진 노예제도가 미국에서는 오래오래 유지된 이유는 단순하다. 노예제도 때문에 이익을 보는 사람들이 있었기 때문이고, 전쟁을 할 정도로 그들의 힘이 강했기 때문이다. 남북전쟁 이후로 노예제도는 사라졌지만, 흑인도 백인과 똑같은 인권과 권리를 가지는 사회가 되기까지 오랜 시간이 걸렸다. 1960년대까지 미국 인종차별의 고질적 문제는 해결되지 않았다. 지금은 흑인이 사용한 컵을 깨뜨려 버리고, 흑인이 수영장에 물에 들어가면 그 물을 완전히 비우고 새로운 물로 채우는 일은 더 이상 하지 않는다. 하지만 흑백 갈등은 지금도 여전히 진행 중인 미국의 뿌리 깊은 갈등이다. 모두가 답을 알고 있는 단순한 문제가 점점 복잡해져 오랫동안 풀리지 않는 답보상태에 머무는 경우는 문제 해결이 어렵다기보다는 문제를 해결할 수 있는 힘을 가진 사람들이 문제를 해결하려는 의지가 없는 경우가 많다.

봉건제와 식민지 경제, 전체주의와 군국주의 경제는 착취 경제시스템이다. 2차 세계대전 후 우후죽순 탄생한 새로운 국가가 중 경제적으로 빛나는 성공을 거둔 나라는 드물다. 그중 세계에서 가장 가난한 나라에서 출발해 짧은 시간 동안 선진국 대열에 들어간 나라는 대한민국의 거의 유일하다. 그래서 대한민국의 고도성장 비결에 대한 국내외의 여러 연구가 있다. 대한민국 정부는 경제발전경험 공유사업(KSP, Knowledge Sharing Program) 등을 통해 경제성장의 노하우를 개도국들에게 전하고 있다. 경제성장의 중요한 비결로 귀에 못 박히도록 들은 '근면성', '노력' 같은 그럴듯한 요소가 근본 원인이라 강조하는 것은 아무 말 잔치나 다름 없다. 노력만 하면 누구나 서울대에 가고, 누구나 의사가 되고, 누구나 1천억 대 자산가가 될 수 있다고 말하는 것은 공허하다. 가정폭력에 시달리고 하루 한 끼 컵라면도 제대로 못 먹으며 왕따에 시달리는 학생에게 노력만 하면 다 이룰 수 있다고 말하는 것과 비슷하기 때문이다. 한 국가가 경제성장을 이루기 위한 무엇보다 중요한 전제 조건이 있다.

식민지를 경험한 국가들의 경제적 성패는 산업구조의 변화와 직결된다. 미국도 영국의 식민지였고, 한국도 일본의 식민지였다. 미국은 보스턴 차사건 이후 독립 국가임을 선언하며 경제성장을 위한 사회시스템의 토대를 마련했다. 규칙의 목적이 무엇인지 정확히 안다는 것은 전제에 해당하는 생각이다. 다수 국민의 삶을 개선하는 입법을 하려면 전제가 중요하듯 성장하며 더 나은 사회가 되는 국가가 되려면 어떤 전제에서 출발하는가가 중요하다. 한국은 해방 후 산업사회로 나아가기 위해 새로운 산업에 대한 투자가 진행되어야 했으나 크나큰 걸림돌이 있었다. 식민지 시기에 농업으로 부와 권력을 축적한 친일 기득권 세력들이었다. 노예제 폐지를 반대하듯, 환자가 사라지는 세상을 반대하듯 부와 권력을 가진 친일 기득권 세력은 그들의 이익을 포기할 수 없었다. 다행스럽게도 한국은 농지개혁을 통해 친일파들의 경제적 기반이 많이 약화되었다. 국가의 미래가 걸린 산업구조 변화를 제지할 기득권은 혼란과 함께 힘이 약해졌고, 이 때문에 고도성장의 밑거름이 된 것이다. 대규모 환자가 계속 발생하는 상황을 지속시키고 싶은 비윤리적 의사처럼 자신들의 기득권을 지키고 싶어 이기적 행동을 하는 집단의 힘이 약해졌기 때문에 한국은 산업구조의 변화를 이룰 수 있었고, 마찬가지 이유로 고도성장이 가능했다.

과학 실험에서도 전제가 중요하듯, 경제 모델도 전제가 중요하다. 전제란 국가 역할에 대한 정의와 연결된다. 히포크라테스의 선서를 가슴에 새기고 일하는 의사처럼 국민을 위해 일하는 국가의 역할은 산업구조의 변화에 능동적으로 대응하고 가장 생산성 높은 집단에게 자원 배분을 효율적으로 진행하는 것이다. 《국부론》으로 유명한 경제학의 아버지인 애덤 스미스에서부터 오해가 시작되었다. 인간은 이기적 동기에 의해서만 행동하는 경제 동물이 아니다. 애덤 스미스는 《도덕감정론》에서 인간은 타인에게 연민을 느끼며 그들의 인정 받으려는 존재로 이해했다. 그래서 이성, 양심, 원칙 등을 바탕으로 인간 내면에 형성되는 '공평한 관찰자'가 있다고 보았다. 애덤 스미스의 인간은 이기심이라는 1차적 동기에 의해 행동하지만, 공평한 관찰자에 의해 사회적으로 행동이 제어된다고 보았다. 정부는 한 국가의 공평한 관찰자 역할을 해야 한다.

정부가 주어진 역할을 제대로 하려면 문제를 다루는 능력이 필요하다. 문제를 잘 다루려면 무엇보다 문제를 해결하려는 마음이 전제되어야 한다. 나쁜 의사처럼 사회의 고질적인 정치, 경제, 사회적 문제를 그냥 놔두거나 악화시켰을 때 이익을 보는 기득권 집단을 잘 살피고 감시해야 한다. 다수 국민의 삶을 개선시킬 수 있는 기본적인 국민의 권리이자 의무다. 인간은 누구나 가진 것을 놓지 않으려 한다. 욕할 필요 없다. 이해해야 한다. 이해한다는 것은 그들과 같은 사람이 되거나, 그들을 지지한다는 뜻이 아니다. 그들과 싸워 이기고 변화를 이끌기 위해서는 그들을 무조건 적으로 여기는 태도는 문제 해결에 큰 도움이 되지 않는다. 누군가를 적으로 여기고 비난하고 공격하고 배제하는 것은 구시대의 문제 해결 태도다. 지금은 유혈혁명의 시대가 아니다.

누군가의 몸을 단두대에 올려 머리와 몸을 분리하는 것이 우리의 목적이 아니다. 문제를 폭발시켜 사회를 파괴하는 시대는 지났고, 다가오는 미래에는 문제를 해결해 사회를 개선해야 한다. 우리에게는 이미 시스템이 있다. 조금 부족하고 문제가 있다는 이유로 기존의 것을 파괴하고 새로 만드는 것보다 이미 있는 것을 고쳐 쓰는 것이 현명하다. 사회시스템은 종이접기처럼 단순하지 않기 때문이다.

글을 쓰지 못하는 사람이 글을 잘 쓰고 싶어 새로운 글만 찾으면 글은 늘지 않는다. 글을 고쳐 쓰는 것이다. 헤밍웨이도 초고는 쓰레기라고 말했다. 사람도 고쳐 쓰는 것이다. 사람은 변하지 않는다, 사회는 변하지 않는다는 생각은 어쩌면 무력감을 주기 위한 기득권이 만들어낸 신화일지 모른다. 지금 상태를 유지하면 이익을 보는 누군가가 우리 몰래 비난과 혐오의 바이러스를 뿌리고 있을지 모를 일이다. 을끼리 싸우도록 말이다.

경제학과 인생의 공통 문제는 '선택'이다. 남을 이겨 혼자 대단한 자가 되려는 사람들만 우글거리는 세상, 다양하고 평범한 사람들이 재미있게 어울리며 서로 돕는 세상. 둘 중 어떤 세상을 만들어야 할지 선택해야 하는 시대다. 우리 자신을 위해서.

전직 국회 입법조사관이 말하는 '다수를 위한 선택'

평범한 규칙

초　판　1쇄 인쇄 2023년 9월 16일

지은이　정도영
편　집　박일구
펴낸이　강완구
펴낸곳　써네스트
브랜드　우물이 있는 집
디자인　김남영

출판등록 | 2005년 7월 13일 제 2017-000293호

주　소 | 서울시 마포구 망원로 94, 2층

전　화 | 02-332-9384　　　**팩　스** | 0303-0006-9384

이메일 | sunestbooks@yahoo.co.kr

ISBN | 979-11-90631-75-4 (03330)　　값 18,000원